L'abondance frugale comme art de vivre
Bonheur, gastronomie et décroissance

脱成長と食と幸福

SERGE LATOUCHE
セルジュ・ラトゥーシュ
中野佳裕＝訳

白水社

脱成長と食と幸福

Serge LATOUCHE:
L'ABONDANCE FRUGALE COMME ART DE VIVRE
Bonheur, gastronomie et décroissance

This book is published in Japan by arrangement with Éditions Payot & Rivages,
through le Bureau des Copyrights Français, Tokyo.

脱成長と食と幸福　［目次］

［凡例］

◈ 本書は Serge Latouche, *L'abondance frugale comme art de vivre : Bonheur, gastronomie et décroissance*, Paris, Bibliothèque Rivages, 2020 の全訳である。

◈ 文中の〔 〕内の語句は、原文にはない訳者による補足説明である。

◈ 原文の《 》は「 」で囲った。

◈ 訳文「 」の中での引用は〈 〉で囲った。

◈ 特殊な用語や言葉は〈 〉、外国語のカタカナ表記は「 」で囲った。

◈ 組織・団体名に関しては、必要に応じて「 」で括り識別しやすくした。

◈ 段落が長い箇所は、適宜改行を施した。

◈ 原文がイタリック体の語句は傍点もしくはゴシック体で強調した。

◈ 原文における単語や数値の誤記、原註の書誌情報の間違いは、引用元を調べ直して適宜訂正した。

◈ 原註は［1］、［2］、［3］……示し、巻末に註内容を記述した。

◈ 訳註は❖1、❖2、❖3……で示し、巻末に註内容を記述した。

序章

気違い染みた不寛容が私たちを取り囲んでいる。不寛容のトロイヤの木馬は幸福という言葉だ。そして私はこのことは致命的だと思う。

ルネ・シャール〔1〕

一般論として幸福❖[1]（bonheur）は、物にあふれる生活（abondance）を連想させる。だが、簡素な生活（frugalité）と関連づけられることはない。実際に幸福というイデオロギー❖[2]は、近代に現われた進歩のイデオロギーと共に発展してきた。例えば「幸せに浸る（Nager dans le bonheur：幸福のなかを泳ぐ）」という人口に膾炙《かいしゃ》した表現に注目してみよう。これは快適で物質的にゆとりのある生活を送る、つまり物質的な豊かさ（bien-être）❖[3]を生むとされるたくさんのモノに囲まれて生きるという意味である。反対に、簡素な生活は不必要な消費を減らすことを意味する。それは必ずしも節制を求めるものではない。

むしろ不要な消費を減らせば、生活は愉快なものになりえる。簡素に生きるとは、われわれの欲求を内発的に制御することを含意するにすぎない。分かち合い（コンヴィヴィアリティ）やある種の快楽主義（ヘドニズム）を排除するものではない。例えばガストロノミーは、禁欲的な料理でも饗宴のような料理でもない。まっとうで洗練された料理によって良質な食生活を楽しむ技法のことだ。したがってガストロノミーは、脱成長が推奨する生活の技法のひとつとなる。[2] もちろん脱成長は、分かち合いながら簡素に生活する歓びを生む唯一の手段がガストロノミーであると言いたいのではない。また、エピクロス主義を脱成長に関連づけるのは、「良心的な経済成長反対論者」を不快にさせるためではない（実際には、エピクロスは脱成長の先駆者として捉えることができる）。[3] それでも、エピクロス主義に対する通俗的で歪《ゆが》んだイメージではなく、エピクロス本来の哲学に言及することが重要なのだ。

「幸せな脱成長（la décroissance heureuse）」という曖昧《あいまい》な表現がある。世間はこの表現を考案したのは私だと誤解している。だが実際は、マウリツィオ・パランテ〔イタリアの脱成長活動家〕が執筆したマニフェストの題名として提案されたのだ。この表現をサン＝ジュスト（一七六七―一七九四）の有名な言葉――「幸福はヨーロッパにおける新しい観念である」――と比較してみると、幸福のさまざまな逆説が鮮明になる。パランテがこのような題名のマニフェストを刊行したのは、幸福が近代のプログラムと結びついた新しい観念だからではない（近代のプログラムは、経済成長——すなわち最大多数の最大幸福——を目的とする社会を誕生させた）。幸福が万人共通の切なる願い、つまり普遍的で時代を超えた願望だからだ。[4]

古代あるいは外国の著述家の翻訳をそのまま受け入れるならば、幸福が人間本性に先天的に備わった切望であるという証言は数えきれないほど存在する。例えばセネカは『幸福な人生について（*De Vita beata*）』のなかで「すべての人間は幸せに生きることを望むが、何が幸福な人生を導くかということについてははっきりしていない」と述べている。同じく聖アウグスティヌスも、同名の自著のなかで「幸福になりたいと思うのは人間の本質であり、すべての行為の動機である」と述べていた。彼の場合は節欲的生活を推奨していたが。

同様にスピノザは、『エチカ』（一六七七）のなかで「幸せにあるいは正しく生き、活動しようとする欲望は、人間の本質そのものである」[❖4]と述べている。そしてパスカル（一六七〇）ははっきりとこう述べる。「すべての人は、幸福になることをさがし求めている。それには例外がない。どんな異なった方法を用いようと、みなこの目的に向かっている。ある人たちが戦争に行き、他の人たちが行かないのは、この同じ願いからである。この願いは両者に共通であり、ただ異なった見方がそれに伴っているのである。意志というものは、この目的に向かってでなければ、どんな小さな歩みでも決してしないのである。これこそすべての人間のすべての行動の動機である。首を吊ろうとする人たちまで含めて」❖5（『パンセ』「至高の善」より）。また『人間悟性論』においてジョン・ロックは、「幸福の追求」について語っている。「知性の最も高い完成は、真のゆるぎない幸福を注意深く弛《たゆ》まず追い求めることによって得られる。そのように想像上の幸福を本物の幸福だと間違えないように気をつけることが、われわれの自由に必要な条件である」❖6。ただし、重要な留保がある。聖アウグスティヌスの後に続く中世の神学者にとっては、キリスト教が提唱する禁欲的・節制的生活だけが「完全な至福（beatitude）」を得ることを可能にするのだ。それもほとんど死後となってからである。

サン＝ジュストの宣言をまじめに受けとるならば、それ以前の時代に存在していた天国での至福（béatitude céleste）とも公共の至福❖7（félicité publique）とも異なる切望がフランス革命の幕開けと共に出現したのだ。[5] 最高の喜び（félicité béate）の内容は根本から変わった。いまや問題となるのは、物質的で個人的な豊かさ（bien-être）、つまり一人当たり国内総生産（ＧＤＰ）である。経済学者が居座るこの概念のなかに倫理的次元はあまり見られない。いやむしろ皆無といってよい。したがって意味論上の大事件を検証しなければならない。言葉は意思疎通と相互理解を可能にすると同時に、誤解の源にもなる。幸福の探求が始まったのは十七〜十八世紀以降であると主張するのは難がある。だが明らかなのは、古代ギリシア人が追い求めていた「**エウダイモニア**」が、ロックやベンサムが語る「**ハッピネス**」とはほとんど関係ないものであるということだ。「エウダイモニア」が意味していたのは、善《よ》き生とか幸せな都市国家などである。バンジャマン・コンスタンが古代人の自由と近代人の自由について語ったのと同様、少なくとも「古代の幸福」と「近代の幸福」について語るべきではないだろうか。

次のような仮説を立てることができるだろう。あらゆる人間共同体のなかには「良き」生に対する切望が存在し、共同体の各成員もそれぞれ「良き」生を切望していると。また、アンケート調査の便宜上、次のような仮説も立てられるだろう（非常に間違った仮説だと私は思うが）。その仮説とは、「良き生」という表現は中立的で含みのない用語であるので、多世界的（pluriversalle）で歴史を超えた切望を示すのに役立つというものである。この切望は、さまざまな概念を媒介して多様な言語、文化、時代のなかに翻訳される。例えばドイツ語の「グリュク」（Glück）、フランス語の「ボヌール」（bonheur）、イタリア語の「フェリチッタ」（felicità）、英語の「ハッピネス」（happiness）など。だがそれだけでなく、フラニ語の「バンターレ」（bamtaare）やケチュア語の「スマック・

カウサイ」(sumak kawsay)などもだ。これらさまざまな表現は、「良き生」の同相写像的均等として扱うことができるかもしれない(同相写像的均等とは、インド系カタルーニャ人の哲学者・神学者のライモン・パニカールが導入した概念である)。[6] ヨーロッパ言語のさまざまなヴァリエーションのなかで、「幸福」という言葉は、黎明期近代固有の「良き生」の形を確かに構築した。何よりもこの言葉のフランス語的な意味のなかでは確実にそうだった。

このような研究に対する興味は尽きない。とはいえ、良き生という観念が中世の「完全な至福(beatitude)」という言葉のなかにどのような過程で受肉化されたかという問題は、本書の関心とするところではない。むしろ本書の関心は、啓蒙の時代から現代までに起こったこの観念の還元と退縮の二重運動にこそある。つまり幸福(bonheur)という観念の出現からその経済学的還元(「一人当たりＧＤＰ」)に至る過程が一つ。そしてもう一つは、富の指標の批判から(ティム・ジャクソンの言葉を借りれば)「経済成長なき繁栄」[7]の文脈で再発見された切望の誕生に至る過程である。この再発見された切望には、「ブエン・ビビール」「節度ある豊かさ」「幸せなシンプル・ライフ」などがある。最後に、冒頭で引用したルネ・シャールの審判を文字通りに解釈するならば、「幸福」という言葉は、「開発」「環境」「平等」「援助」「市場」「ニーズ」などの言葉と並んで、イヴァン・イリイチが名づけた「毒入りの言葉」の一覧表に加えられなければならない。なんとなれば、幸福という言葉は混乱を生じさせ、誤解を広めるからだ[8]。

第1部　脱成長、そして幸福の逆説——簡素に生きる歓び

第1章「良き生」の変容――天国での至福から富の所有へ

「ヨーロッパは学んだ。フランスの領土で誰かが不幸に苦しんだり、他人を抑圧したりすることを一切望まないということを。そして革命ということの事例が地上に大きな実りを結ぶということを。この地上に美徳を愛する心と幸せを普及させるということを！幸福《ボヌール》は、ヨーロッパにおける新しい観念である」。ルイ・アントワーヌ・ド・サン＝ジュスト❖1がこう宣言したのは、共和暦二年第六月（ヴァントース）の十三日（一七九四年三月三日）に発表した新しい社会政策に関する報告書のなかだった。❖2この四か月後のテルミドールに、彼はロベスピエールと共に死刑台の上で処せられ、二十七歳でこの世を去った。

幸福がヨーロッパにおける新しい観念であるならば、それを生じさせたのは、欧州規模で起こった啓蒙主義運動がもたらした大変動だった。啓蒙主義運動は、当時「文芸共和国」と呼ばれた啓蒙思想家《フィロゾーフ》たちを動かしたのだった。つまり「世紀の精神」の名の下、ナポレオン・ボナパルトが駿馬《しゅんめ》の速さで欧州大陸を駆け巡り、民衆の生活を大混乱に陥れた時代よりも前のことだ（ちなみにヘーゲルはナポレオンを「世紀の精神」の体現者であると評し、彼の率いる軍隊がイエナを通過する際には敬礼した）。

啓蒙《リュミエール》（独 Aufklärung、英 Enlightenment、伊 Illuminismo）と呼ばれるこのコスモポリタンな運動は、キリスト教世界《エキュメーヌ》（暗黒時代と見なされてきた中世）との根本的な断絶を刻印した。キリスト教世界では、聖職者は良き生の理想をラテン語の「ベアティチュード（beatitude：完全な至福）」という語で表現していた。「完全な至福」はきわめて霊的な幸福、いうなれば天国で獲得される、非物質的で集合的な幸福を意味していた（ルターによって中身を空にされた、かの有名な「聖徒の交わり《コムニオ・サンクトルム》」のことである）[2]。修道院の戸口に「おお、いと高き孤独よ。おお、唯一の至福よ（*o beata solitude, o sola beatitudo*）〔俗世から離れることによってのみ、魂の安らぎを得られる〕」と刻んだ修道士と隠者は、この嘆きの谷〔現世〕のただなかで、思索を通じて〔死後の〕至福を予期するしかできなかった……。

さまざまな印欧語には、「幸福」を言い表わすために使用される単語がある。だが、これらの単語一つ一つが持つ意味の領野は、文化や歴史の文脈によって大きく異なる。「ボヌール」「ハッピネス」「フェリチッタ」「ジュビラシオン」「グリュク」の間には、意味論的に完全な互換性があるわけではない。フランス語の「ボヌール」は十八世紀に初めて登場した単語である。この単語はラテン語で予兆・幸先を意味する「アウグリウム（*augurium*）」に由来する（時間を意味する*hora*に由来するのではない）❖3。したがってその意味は「幸先が良い《ボン・アウグレ》（bon augure）」である。通常、「ボヌール」はイタリア語の「フェリチッタ」の訳語として使用される。フランス語には文字通りの訳語である「フェリシテ」という単語があるのだが。ヴォルテールは、ディドロとダランベールが編纂した『百科全書』（第六巻）に「至福（Félicité）」という論文を寄稿している。❖4同論文のなかで彼は「至福《フェリシテ》」と「幸福《ボヌール》」の違いについて説明している。その記述によると、「至福は満足する心が永く（少なくとも一定期間）続く状態である。このようなことは実に稀である。幸福は外部からもたらされるものであり、本来的には楽しい時間（bonne heure）のことである。［…］心が満たされていなくても楽しい時間を過ごすことはできる。ある人は罠を逃れる幸せ《ボヌール》を得たが、時折、心はもっと苦しんでいる（malheureux）。そのような人のことを「至福《フェリシテ》を経験した人〔心が喜びで満たされた人〕」とはいえない。さらに、至福という語には存在しない違いとして、アン・ボヌール（un bonheur）とル・

ボヌール（le bonheur）の違いもある。アン・ボヌールは一回きりの幸せな出来事のことを指す。これに対して定冠詞つきのル・ボヌールは、これら複数の出来事の連続を指す。快楽《プレジール》（plaisir）は一過性の心地よい感情である。感情として捉えた場合、ル・ボヌールは一時的な快楽が連続している状態となる。繁栄《プロスペリテ》（prospérité）は幸せな出来事が連続している状態であり、至福《フェリシテ》は繁栄から得られる親密な喜び《ジュイサンス》（jouissance）のことだ」[3]。

イタリア語の「フェリチッタ」に関してはナポリの啓蒙主義が考察を加えている。それによると、この語は何よりも公共の幸せのことを指す。「フェリチッタ」では、繁栄《プロスペリテ》の個人主義的な探求よりも、君主による「公正な統治（buon governo）」という目標が重要となる。ある意味「フェリチッタ」は、地上における集合的な至福のことを意味するのだと言える。人々はまだ、単独で救いを達成することはなかった。アントニオ・ジェノヴェシのナポリ学派からアダム・スミスのスコットランド啓蒙主義に移行したとき、公共の**至福**（la *félicité* publique）は公衆の幸福（la félicité *du* public）へと転換したのだ。

「新しい観念《イデー》」としての幸福の出現は、リベラリズムの台頭と軌を一にする。リベラリズムは、統治機構の倫理的中立性を維持する個人主義に立脚した社会を建設する企てだ。その目的は、殺し合いの紛争を避けることにある。宗教戦争を回避するために、リベラリズムは〔宗教でも国家でもなく〕各人に固有の幸福概念を定義するよう促す。共通善は突如として消滅した。なんとなれば、〔個人主義的な社会では〕もはや小文字の善（bien）は存在しない。大文字の善（Bien）の絶対的な定義も存在しない。そして**コモンズ**（共同体のもの）が消滅していくので「共有／下層の人々（le commun）」❖5の領域がより一層減っていく。そして各人は自己自身に固有の利害関心にしか興味を持たなくなった。今日、〔ナポリ啓蒙主義時代の〕**公正な政府**は〔新自由主義的な〕「**良き統治**（グッド・ガバナンス）」❖6に成り下がった。良き統治とは、特殊な利害関心の間に自由競争の枠組みを設定し、それを最小限に管理する統治方法である。

近代人にとって、幸せはついにお金と切り離せないものとなった。経済学者が言うように、貨幣は「自由を鋳造したもの」である。完全に商品化された世界のなかでは、可能となるすべての目的は、貨幣を通じて実現される。したがって幸福とは、可能な限り多くのお金を獲得することだということになる。米国人にとってこれは明白だ。たとえお金が人間を常に幸せにするとは限らないという事実を受け入れたとしても、お金がない生活は人間を不幸にすると誰もが言う。またそのように考える。

メガ資本主義、グローバル化した資本主義では、この考えが勝利する。実際にはこの考えは、ヴァナキュラーな生活の破壊の後に真理となった。ある意味これは自己実現的な予言である。倫理が排除されたため、近代の幸福は「良き生」とはまったく関係がなくなった。あるのは幸福と富の等価関係だ。[4] したがって、新たな理念としての「幸福」の出現は、〈経済なるもの《エコノミーク》〉❖7による想念の植民地化に付随して起こったのだ。

幸福という言葉には、はじめから経済学的な意味が幾分か組み込まれていた。すでにアントワーヌ・モンクレチャンは、『政治経済学』（一六一五）のなかで「富こそが人間を幸運にする」とはっきりと認めていた。経済書のなかには良き生をGDP指標に還元する議論が飽きるほど描かれている。しかし、幸福の意味の大転換をよく理解するためには、この還元を可能にした倫理の大転換こそ明らかにする価値があるのだが。この倫理的転回は、西洋文明では十六世紀から十七世紀にかけて起こったのである。

最大多数の最大幸福から一人当たりGDPの最大化へ

偉大な技術思想家ジャック・エリュールもサン＝ジュストのかの有名な言辞に触れ、その文脈を批評している。「幸福《ボヌール》はヨーロッパにおける新しい観念である——サン＝ジュストがこの有名な言辞を宣言したとき、〔…〕新しかったこと、そして彼が目撃したと疑わなかったものは、手段の変化だった。彼の目には、工業化、そして富の消費の増大は、自由と平等を宣言する共和国と同様、幸福という観念を可能にし、具現化する手段として映ったのである。特に富の消費の増大は、万人に利益をもたらすはずだと彼は思った。つまり、変わったのは何かというと、世の中が観念の世界を抜け出だしてその実現を可能にする段階に入ったということである」[5]。サン＝ジュストはルソーの思想の影響を強く受けていた。その彼にとって、幸福は美徳と切り離せないものだった。たとえそうだったとしても、彼の言説のなかには、今日の経済学者が主張する一人当たりＧＤＰに通じるような、幸福の物質的・個人主義的な次元がすでに提示されている。エリュールが正しく指摘しているのは、〔これ以降〕製造された工業的生産物の消費が重視されるようになったということだ。テルミドール派は、「失策をかろうじて逃れながらも二十七歳で処刑されたこの若者（サン＝ジュスト）」を厄介払いするために、彼の道徳主義を嘲《あざけ》るしかなかった。サン＝ジュストは彼らに「思いあがった口調で」こう言った。「われわれが諸君に約束するのはペルセポリスの幸せではない。スパルタの幸せだ[6]」。ヴォルテールは冷笑的な態度で文脈の変化を明確に捉えていた。彼はテルミドール以後のヘドニズムを予見していたのである。〔『哲学辞典』（一七六四年）のなかで〕彼は次のように述べていた。「一七五〇年頃、道徳的反省録、恩寵と痙攣に関する神学論争にうんざりした国民はついに小麦を論じはじめた[7]」。サロンや君主の周囲では、フランソワ・ケネー❖8と重農学派の教説が台頭し、ボシュエ❖9とその神学に取って代わった。したがって、物質的な豊かさとしての幸福が諸国民の富の関数となった。まさにこの意味において、ヨーロッパの各地で、だが英国（happiness）とフランスで特に顕著に現われた新しい観念〔幸福〕が問題となるのだ。**幸福のイデオロギー**はこの時代に発展した進歩のイデオロギーと密接に結びついている（フランスの場合、テュルゴーとコンドルセ、英国ではフランシス・ベーコンとロックが幸福と進歩の思想を広めた）。両者は互いに強化し担保しあう。そもそも幸福という観念には、それ自体に固有の「前進運動」が含意されている。古代人の「至福の生」とは違って、近代人の幸福は静的ではない。約束されるのは良き生だけではなく、より良い生活である。ロックはまさに幸福の追求を終わりなき目標として語っている。その後ベンサムや他の思想家によって「最大の幸福」が問われるようになる。一七七六年七月四日のアメリカ独立宣言は、ロックのこの考えに着想を得て、「生命、自由、幸福の追求」[8]を目標に掲げた。米国は啓蒙の理想が実現する処女地となったのだ。アラン・ド・ブノア❖10〔フランスの保守系思想家〕は、「リベラルな思想家にとって幸福の追求は、より良い利益を最大化し続ける自由な可能性を意味する」と述べている。そして「利益とは何よりも、物質的な優越性《アドヴァンテージ》として定義される。そのようなものとして評価されるためには、利益は計算・数量化可能なもの、すなわち普遍的等価物であるお金で表現できるものでなくてはならない」[9]。一七九三年に公布されたフランス共和国憲法の人権宣言では「社会の目的は公共の幸福（bonheur commun）である」と一層明確に示されている。神の国での至福が約束されても、君主制（さらには国家）が繁栄する光景を目にしても、ブルジョワ社会は満足しない（テンニエスによると、ブルジョワ社会とは共同社会《ゲマインシャフト》の対極に位置する利益社会《ゲゼルシャフト》である）。ブルジョワ社会にとって問題となるのは、個人の富裕化である。

J・G・ヘルダーはドイツ・ロマン主義の思想家だが、カント批判の著書でこの点を明確に指摘している。「この文化という言葉ほど曖昧なものはなく、しかもこれをすべての民族と時代に適用することほどいかがわしいことはない。文明化された国民のなかで、文明化された人間の何と少ないことだろうか？ またこの文明化という長所はどこに置かれるべきなのか？ しかもこの長所は彼らの幸福、すなわち個々の人間の幸福にどれほど寄与しているのか？ というのも、個々の成員すべてがそのなかで苦しんでいるのに、国家全体という抽象的存在が幸福でありえるというのは矛盾であるか、あるいはむしろ、一見してそれとわかるような見せかけの言葉にすぎないからだ」[10]。

経済成長社会を誕生させた近代は、**最大多数の最大幸福**という原理に従う。この原理は啓蒙の時代を生きたヨーロッパの一連の思想家たち（チェザーレ・ベッカリア、フランシス・

ハチソン、ジェレミー・ベンサム）によって、ほとんど同時期に理論化された。**諸国民の富**とは、この目的を達成するための手段である。この概念を世に広めたのはアダム・スミスだ。彼は『諸国民の富』と名づけられた書物のなかで「国民と主権国家を富裕化させる」法則を提示した。[11]最大多数の最大幸福という目的は、実に功利主義的である。だが、たとえ行為主体が善の実現を探求せずに自己自身の利益の最大化を求めたとしても、倫理に反するものではないだろう。このエゴイスティックな戦略の帰結は、トリクル・ダウン効果（最近では、「登山ロープの先導者」のメタファーで表現されることが多い）による万人の経済的安定《ビャン・エートル》の実現である。つまり良き統治の目的は、この**見えざる手**のゲームを推進することだ。その結果、ジョン・ロールズが定義する意味での「良き生」と「正義」が実現される。なぜなら諸個人の間の経済的不平等は、理論上では是正されるからだ。

近代の目標実現のために経済成長社会が誕生したという事実を明らかにしたのは、ジャック・エリュールである。彼は次のように述べている。「幸福というイデオロギーは、ゆとりある生活をもたらす財の消費の増加を要請し、新たな欲求の開花にとって有利な領域を作り出す。［…］しかし、消費が今よりもっと増加すると、幸福というイデオロギーは、迷い込んだ不条理な消費サイクルの空洞を埋めるためにさらに強力になる。物質的な豊かさが失われると幸福は幻のように空っぽになり、その実現手段のすべてが奪われる」[12]。

オリヴィエ・メネンデスが指摘するように、「キリスト教が教える魂の救済や、エウダイモニア主義[❖11]が考えるような倫理的行為はもはや問題とはならない。人生を具体的に楽しく快適にする財・サービスの獲得が重要となるのだ」[13]。幸福追求権は個人の権利となる。ゆえに幸福の追求は、労働し、生産し、商品を売り、腹が減ったときに食べ、惨《みじ》めさから遠ざかり、財産所有者となり、お金持ちになり、資産を蓄え、遺産を贈与するなどを意味するようになる……。

幸福から一人当たりGDPに移行する過程で三重の還元が起こった。この還元は、英語の「ハッピネス」やフランス語の「ボヌール」の活用においてはっきりと表われている。イタリア語の「フェリチッタ」の場合、還元の効果はもっと曖昧である。第一に、地上の幸福は物質的な豊かさと同一視されるようになった。つまり物理学的な意味での物質、商品の基体としての物質のことだ。そもそも商品はモノ、オブジェ、ガジェットのことを指す。だが、その範疇を拡張すれば、価格のついた具体的なサービスも商品と見なされうる。第二に、物質的な豊かさは統計に勘定される所有物、すなわち生産・消費される財・サービス（商品）の量を意味するようになった。便利な生活のおかげで感じられる「心地よさ」という主観的感覚は、所有物の客観的評価に還元された。第三に、財・サービスの総量の評価は「粗く《ブリュット》（brute）[❖12]」計算される。つまり生産に必要な自然資産や人工的な資産の喪失は考慮されずに計算が行なわれる。この生活様式の**隠されたコスト**を経済学者は**負の外部性**と名づける。負の外部性は富の指標に勘定されない。

第一の点は、トマス・ロバート・マルサスとジャン゠バティスト・セイの論争のなかではっきりと指摘されている。この論争を再確認することは有用である。マルサスの議論は、世間で「生産」と呼ばれうるものの範疇に関して彼自身が抱く困惑から始まる。「もし歌を歌うために費やす苦労が生産的労働であるならば、楽しく示唆に富む会話のためになされる努力、より興味深い結果を確実に出す努力が現に存在する多くの生産活動から除外されるのはなぜか？　われわれの情念を規整し、あらゆる神の摂理や人倫の法に従うためになすべき努力が生産活動に含まれないのはなぜか？　それらは間違いなく最も価値のある善い《ビヤン》ことではないか。端的に言えば、いまこの瞬間や未来において快楽を得、苦しみを避けるための行為を生産活動から除外するのはなぜか？」。確かに、マルサス自身が観察するように、そうなれば特殊な領域としての〈経済《エコノミー》〉は自滅し、この領域を扱う学問〔経済学〕を成立させることは不可能となるだろう。マルサスは、「このような方法をもってすれば、人類が人生のあらゆる瞬間に行なうすべての活動を生産活動に含めることができるだろう」と述べる。[14]　最終的に彼は、ジャン゠バティスト・セイの還元主義的な見解に賛同を示す。「セイが述べるように、政治経済学を経験に基づいて正確な結果を導き出す実証科学に仕立てようと望むならば、この学問が用いる基本用語（「富」など）の定義には、その量的増減を評価できる対象《オブジェ》だけを含めるよう最大の注意を払わねばならない。物質的対象と非物質的対象を区別するための境界線を引くことが、至極当然かつ最も有用である」[15]。このように定義された「裕福な生活❖13（bien-avoir）」は、啓蒙主義時代の人々が理解していた幸福《ボヌール》とは少し意味が異なる。しかし、経済学による想念の植民地化の影響の下、われわれはこの意味の乖離を問題とせずに済んだのである。少なくともしばらくの間は。過去に〔一九七〇年代〕ヤン・ティンバーゲン❖14は、国民総生産（GNP）を国民総幸福（GNH）と命名し直すことを提案したが、その発想は、消費の観点から幸福を定義したジャン＝バティスト・セイの思想に通底する[16]。このオランダの経済学者による傲慢な主張は、国民総幸福という表現を提案し世界的に普及させたブータン国王❖15とは異なり、GNPの中身の修正を目指してはない。実際にはGNP本来の意味に回帰したにすぎない。幸福は「bien-avoir〔多くの財産、所有〕」の婉曲表現である「bien-être〔物質的な安楽、快適さ、ゆとり〕」のなかに実体化される。そして富と幸福のオルタナティブな指標を発見するためのあらゆる試みは水泡に帰すことになるだろう。GDPは数量化された幸福である。還元の過程はその究極の段階に到達した。

しかし、このおとぎ話が本当だとすれば、二世紀におよぶ経済成長と生産活動の天文学的増加を経験した後に、われわれは幸福に浸っていなければならないはずだ。しかし、実際はそうではない。ジャン・ギャドレが正しく指摘していることだが、確かに、国民統計学者は、この点について世の中から批判を浴びたときに「ＧＤＰと経済成長は豊かさを測定しない。そのために作られたものではない」と宣言する。[17] しかし、この点について大衆が誤解しているならば、すべてが大衆を誤った方向に誘導するように作られているということになる。経済成長というオリンピック・ゲームでは、一人当たりＧＤＰの順位は、幸福度を示すものでないにせよ、豊かさを目指す世界的競争の結果として提示される。政治家からマスメディアまで、この点は変わらない。一人当たりＧＤＰは想念においても事実においても生活水準と給与水準に強く関連づけられている。それゆえに豊かさとＧＤＰの混同は一層起こりやすくなる。我々は、商品の消費に厳密に比例するものとして豊かさを測定するように「フォーマット化」されたのである。ジャン・フーラスティエは「生活水準は平均的国民所得で購入可能な財・サービスの量で測定される」[18] と自慢げに述べている。

　その上、啓蒙主義の思想家《フィロゾーフ》は、幸福ではなく「最大幸福」を近代社会の目標に掲げ、**無制限**という観念を導入した。〈経済なるもの《エコノミーク》〉はこの観念の媒介役となった。もはや問題は良く生きることだけではない。もっと、常にもっと良く生きることだ。だとすれば、幸福の数量化は欠かせなくなる。なぜなら、この目標はわれわれが前に進めばそれだけ遠ざかる到達不可能なものなので、その実現を〔数値で〕評価しなければならないからだ。[19] つまり経済学の通念では、幸福を生み出すのはお金ということになる。

西洋の倫理学的転回

幸福は、一人当たりGDPによって測定される物質的な豊かさとして現われた。すでに指摘した通り、この意味での幸福の出現は、倫理の根本的転換がなかったならば起こらなかっただろう。**過剰に発展した近代**では、倫理の侵犯は社会体制として確立している。だが、その起源は啓蒙の時代に起こった決定的な転回に求められる。さらにこの倫理的転回自体は先行する宗教改革によって準備された。西洋社会は人類史のなかでただひとつ、他のすべての人間社会が抑制しようとしたもの（大なり小なり成功した）を解き放った社会である。西洋社会が解放したのは、つまり、スピノザの言う「悲しい情念」（野心、貪欲、妬み、恨み、エゴイズム）やフロイトの言う「攻撃的な情念」（その意味はスピノザの概念に近く、「文明のなかの不満」を生じさせる）である。後期近代の現代西洋社会では、ある種の逆説的な(もっと言えば二律背反的な)倫理が侵犯されるまでに至っている。マックス・ウェーバーが主著『プロテスタントの倫理と資本主義の精神』[20]で示したように、宗教改革は強力な個人主義を導入し、資本主義の精神、特にその清教徒版をいつの間にか普及させた。しかし、倫理の大転換をもたらしたのは、バーナード・マンデヴィルとその主著『蜂の寓話』である。私的な悪徳が蜜蜂の巣の繁栄をもたらすというこの寓話の結末は、当時醜聞に近い反響を喚起した。しかし、アダム・スミスの「見えざる手」を経由して、マンデヴィルの思想は次第に西洋社会の無道徳的信条となった(非倫理的信条とさえ言える)。経済活動によって推進される私的な悪徳が利益を通じて公共の美徳に転じ、経済主体のあずかり知らぬところで共通善の生産に寄与する——近代はそう信じてきたし、今なおそう信じ続けている(あるいは信じているふりをしている)。その結果、人々は何の危険もなく悪徳を解き放つことができた。いやむしろ解き放たねばならなかったのだ。ビジネス・スクールでは、リバタリアニズムの容赦ないスポークスマンであるアイン・ランドに倣って「貪欲は良いことだ(Greed is good)」と教えられるが、それは今述べたような思想史的背景があるからだ。

諸国民の富という考えはナポリ学派の**公共の至福**という考えに相当する。公共の至福という考えは、立法機関の介入を要求すると同時に自由主義的な錬金術を擁護する。

ジャンバティスタ・ヴィーコは一七二五年に次のように述べている。「この目的の下で立法は、あらゆる人間を虜にする三つの悪徳な性向（残忍さ、貪欲、野心）を修正する。これらの悪徳に軍隊・商業・裁判所を、すなわち共和国の力と富と知識を作らせる。これら三つの悪徳は、この地上におけるあらゆる世代の人間を破壊するに足るものであったが、今では市民の幸福の源となる」[22]。すでに論じた通り、情念の調和は可能だが、それは自然に生じるものではない。なぜなら情念は多様であるからだ。そこで英国のリベラリストは、あらゆる情念を各人が自生的に最大化すると目される利益に還元したのである。ある意味、ナポリ学派の思想のなかには、フライブルク学派の経済学者によって理論化された**オルド・リベラリズム**❖16の思想が胚胎している。国家による良き統治は、社会の力学《メカニーク》を上手く機能させる（完全に自生的とは言えない）諸条件を創出せねばならない。オルド・リベラリストの場合、社会機構の経済学化は社会全体に及ぶ。この点を別にすれば、〔古典的なリベラリズムと同様〕利益は機能しうる唯一の情念であり続けている。

マンデヴィルやアダム・スミスの著作のなかには**トリクル・ダウン効果**のアイデアがすでに確認される。この考えの影響の下、われわれは最大多数の最大幸福の実現へと漕ぎ出した。ケインズ主義／フォーディズムの影響を受けた消費社会はこの考えを現実のものとした。[23] 敬虔主義の影響を受けた哲学者ゲオルク・クリストフ・リヒテンベルクは、一七七五〜一七七六年頃の日記に「一部の人間は突如として徳のある人物となるかもしれないが、多くの人間は飢えで命を落とすだろう」(第二二三節)と書き残している。これは注目に値するし、近代の兆候をよく示している発言である。ジャン=ジャック・ルソーを敬愛して止まなかったサン=ジュストは、人民の幸福は徳のある行動の結果として生じると考えた。だが同時に、個人・集団が享受する物質的な満足感も同じくらい人民の幸福に寄与すると彼は考えた。しかし、経済が社会を作るからにはそうはいかない。すでにアダム・スミスは利得の力学に美徳が介入することを疑問視していた。そしてハイエクはこれをはっきりと有害だと認めた。最適均衡の実現を妨げないためには、寛容も共感も経済のゲームから排除せねばならない。だが、経済は社会全体に浸透しているので、寛容と共感は最終的に社会から締め出された状態になる。いや、経済の領域が拡大すれば、そもそも社会というものが存在しなくなるのだ。

一九六〇年代の消費社会では、幸福はモノの蓄積の観点から計算された。この事実をよく例証しているのが、ジョルジュ・ペレックの小説『物の時代』(一九六五)である。同書はジャン・ボードリヤールの社会学的研究『物の体系』(一九六五)と同じ年に刊行された。〔ペレックの小説では〕幸福はそれを求める主人公たちの物語のなかでしばしば言及される。しかし、そこに倫理的な含意を見出すのは難しい。なぜなら幸福は消費主義的な激しい欲求に依存しているからだ。他方でボードリヤールはその著作のなかで**幸福という名のテロリスト的陰謀**について語っている。[24]

経済至上主義的な西洋帝国主義は、この**陰謀**を世界的現象にした。[25] 北側諸国の経済成長と開発では、特に栄光の三十年（一九四五―一九七五）の間、平均生活水準の統計上の増加を通じて、ある種の公正さ、すなわち**良き生活**の何らかの実現が可能になったという幻想が与えられた。けれども南側諸国ではそうはいかなかった。ライモン・パニッカーの皮肉交じりの冗談は、悲しいことだが真実を突いている。「米国人（そしてこれはすべての西洋人にもあてはまる）が正義／公正さ《ジャスティス》（justice）と言うとき、実際には「われわれのためだけ《ジャスト・アス》（just us）」と言っているのだと理解せねばならない」。

今日、数量化された幸福は北側諸国においても破綻をきたしている。すなわち北側諸国の人々は、グローバル化した西洋社会の想念の支柱の一つが崩壊していくのを目の当たりにしているのだ。この危機を解決するために、これまでとは異なる良き生の展望が世界中で現われている。しかし、経済成長社会の根本を問い直すことなく、また節度ある豊かな社会を発明しないままでは、これまでとは異なる良き生の形を実現するチャンスはほぼないと言ってよい。

第2章　富の指標の批判からブエン、ビビールの再発見へ

経済成長は近代のプログラムに他ならない。そして経済成長を目的とする社会は、その約束を裏切っている。良質な財へのアクセスは限られた少数の人々に限られているし、大量消費は最大多数の幸福を生み出さなくなっている。最大の理由は、生態系の破滅が確実になったことにある。今日、「快適な生活（bonne vie）」という近代の幸福論が破綻し、異端派経済学者の提案が注目されている。だからこそ、持続可能な未来の構築という展望を掲げる際には、技術に信頼を置いて今まで通りの道を追求するよりも、先住民たちの声の復興に耳を傾けなければならないのではないだろうか。

また、節度ある豊かな生活を再発見するために、欲求《ニーズ》の制御という千年来の知恵を再訪する必要があるのではないだろうか。これこそが脱成長が提供する展望である。

夢から悪夢へ――北側諸国における数量化された最大幸福の失敗

節度ある豊かな社会と良き生の新たな形を構想・構築するためには、幸福の数量化という近代特有のイデオロギーを脱構築しなければならない。言い換えるならば、一人当たりＧＤＰという想念を「脱植民地化」するために、この想念がどのようにわれわれの精神に浸透したのかを理解しなければならない。

幸福を一人当たりＧＤＰと同一視する立場の誤りを明らかにすることは比較的簡単なことだ。また、ＧＮＰやＧＤＰが市場価値としての「富」とそれに換算されうるものだけしか測定しないことも容易である。実際に、市場の外部での取引（家事、ボランティア活動、闇労働）はＧＤＰから除外されるが、経済成長にともなう損害（治安の悪化、汚染、ストレス、病気など）の「修復」費用はプラスの価値として計算される。発生した損害（負の外部性）や自然資産の喪失は、マイナスの価値として差し引かれはしない。ギャドレとジャニ＝カトリスが指摘していることだが、「結局のところＧＤＰは、（純粋に）

商品価値と貨幣価値で構成される富のフローである。経済成長とはGDPの増加、すなわち売買されるか貨幣価値をもつ、賃労働によって生産される財・サービスの総生産量の増加である[1]」。つまり、「個人や集団のウェル・ビーイングに寄与するか否かに関係なく、市場で売買され貨幣的な付加価値をもつものはすべてGDPを増加させ、経済を成長させることになる。〔…〕ウェル・ビーイングに寄与する多くの活動と資源は計算/考慮されない。理由は単純で、それらは商品ではないし、直接的な貨幣的生産価値をもたないからである[2]」。

ここでロバート・ケネディ❖1の実に素晴らしい演説を思い出すべきだ(おそらく、原稿は彼のブレーンだったジョン・ケネス・ガルブレイスによって書かれたと考えられる)。この演説は、彼が暗殺される数日前に行なわれた。「わたしたちのGDPには〔…〕、大気汚染、たばこの広告、交通事故の負傷者を運ぶ救急車の往復費用も含まれています。森林破壊や自然の破壊も、そしてナパーム弾や放射性廃棄物貯蔵にかかる費用も。反対に、GDPは子供たちの健康、彼らが受ける教育の質、彼らの遊びの愉しさ、わたしたちが創作する詩の美しさ、あるいはわたしたちの結婚生活の絆の強さなどを考慮していません。わたしたちの勇気、公明正大さ、知性、知恵も考慮していません。GDPはあらゆるものを測定します。ただし、人生のなかで経験するに値するものは除外されるのです[3]」。

経済成長と物質的な豊かさを目的とする社会は、最大多数の最大幸福という近代の目標を実現しない。この点を根拠と共に明らかにしてみよう。ジャック・エリュールが述べていることだが、「十九世紀において幸福《ボヌール》は、機械的・工業的手段と生産活動を通じて獲得される豊かさと結びついた。［…］幸福のこのイメージは、われわれを消費社会に至らしめた。消費が幸せをもたらさない今、われわれは価値観の危機に直面している」[4]。アルノ・ベルトゥーが指摘するように、経済還元主義のなかでは「共に生きる歓びを生むもの、世界のあらゆる場所（市場《いちば》、アトリエ、学校、官公庁、公道や公共の場所、家庭生活、娯楽施設など）で各人が他者の前に姿を現わすという社会的光景《スペクタクル》がもたらす快楽は、すべて経済学の領域から除外され、倫理学・心理学・政治学の領域に位置づけられる。消費からまだ期待される幸福だけが、他者の幸福や公共の歓びから区別される」[5]。ジャン・ボードリヤールはさらに核心に迫る。彼は幸福という願望さえも疑問に付す。「わたしは、人々が求めているものが何なのかわかりません。人間は幸福を求めていると教えられますが、世の人々は深層においてはそのようなことに関心を持っていません。同様に、彼らは生産したり生産されたりすることにも関心を持っていません。むしろ世の人々が興味を示しているのは、魅惑《ファシナシオン》と戯れ《ジュ》の秩序です。ただし、薄っぺらな意味での魅惑や戯れのことではありません」[6]。豊かな社会が抱える消費主義的な孤独は、絶望でなかったとしても、悲しみを容易にもたらす。

ハーマン・デイリーは「真の進歩指標（GPI）」を用いて、ある一定の閾を超えると経済成長のコスト（修復・補償の費用）は便益よりも大きくなることを示した。[7] この指標の結果は、「フラストレーションの増加率は生産の増加率を上回る」というイヴァン・イリイチの直観を強く裏づける。経済成長途中の国では近年、新自由主義政策の文脈のなかで「経済の調子は良いが、市民の調子は悪い」[8] という挑発的かつジャーナリスティックな表現が繰り返されている。だが、われわれはこの決まり文句が詭弁であることを知っている。この表現が誤りであることは、グローバル化の進展と共に一層明確になっている。なんとなれば、経済発展論の有名な「トリクル・ダウン」仮説（富のパーコレーション効果）は「トリクル・アップ」（富の一極集中による不平等の拡大）に転じてしまったからだ。

さらに一歩進んで、物質的な豊かさから幸福へと遡ってみよう（ここでいう幸福とは、社会的表象のなかで理想化された幸福のことである）。そうすると、現実と理想の乖離は、測定可能な範囲で見ても、残酷なまでに甚だしくなる。『市場民主主義における幸福の喪失』という注目すべき著作がある。同書で著者のロバート・E・レーンは、自由主義社会における主観的幸福度の推移を測定しようとする計算方法の能う限りすべての理論的バイアスを列挙している。彼の結論は、米国では、生活の物質的水準の向上は大多数の米国民の実質的幸福度の否定しようのない低下をともなっているということだった。幸福度の低下は、基本的人間関係（レーンは「コンパニオンシップ」と呼ぶ）の実質的衰退に起因する。この事実は、GDPが示す統計上の富裕度（bien-avoir）とは対照的な結果を示す主観的幸福に関する数多くの世論調査によって確認されている。これらの世論調査を参考にすれば、この主題に関する一応の見当をつけることができる。一人当たりGDP指標と主観的幸福との間の乖離が大きくなっているという意識が社会全体に浸透していることがわかる。二〇一二年四月二日、国連総会は幸福とウェル・ビーイングに関する第一回会議を開催し、『世界幸福報告書（World Happiness Report）』の刊行と合わせて幸福度指標を公式的に作成した。この流れのなかで国連総会は三月二十日を「ワールド・ハッピネス・デー」に設定した。[9]

現在では英国のNGOニュー・エコノミクス・ファウンデーションが、主観的幸福度に関するアンケート調査、平均余命、エコロジカル・フットプリントを組み合わせてハッピー・プラネット・インデクス（HPI）を毎年刊行している。この指標は一人当たりGNPの古典的秩序だけでなく、人間開発指標の秩序をも覆す。例えば二〇〇六年のHPIの上位三か国は、ヴァヌアツ、コロンビア、コスタリカだった。

一方でイタリアは六六位、ドイツは八一位、スペインは八七位、日本は九六位、フランスは一二九位、米国は一五〇位だった。二〇〇九年にはコスタリカが一位となり、ドミニカ共和国、ジャマイカ、グアテマラがこれに続いた。米国は一一四位に過ぎなかった。[10]〔豊かさ指標の〕常識を覆すこの逆説は納得できる。なんとなれば、「先進」社会は退廃の大量生産、すなわち価値の喪失と質の低下の拡大の上に成り立っているからだ。「使い捨て」の加速化は大量の商品をゴミに変え、使用済みの人間は排除されたり解雇されたりする。失業者に転ずる社長や経営者、ホームレス、浮浪者、その他さまざまな人間の「屑」が大量に生みだされている。

かつて神学は、神の恩寵が届かない人々の状況を表現するのに「デレリクシオン」(déréliction)という美しい言葉を用いていた。フランス語よりも宗教的なイタリア語は、世俗化した日常語を用いて「ディスグラツィアーチ」(disgraziati)〔恩寵にあずかれなかった人々、幸運に恵まれなかった人々〕と呼んでいた。拡大成長型の経済は、惨めなほどの不幸《デレリクシオン》を餌にして動き、見放された人々《ディスクラツィアーチ》を増殖させる。成長主義的な社会では、経済競争の勝ち組、他人を破滅させる人、相手を打ち負かす人、端的に言えば競争社会の登山ロープの先頭にいる人にならなければ、落ちこぼれの烙印を押される。役立たずの烙印すら押されることもある。世間は競争に負けた人たちにそう知らしめるのだ……。統計データによると、米国では三〇〇万人を超える人間が毎晩橋の下や公園で、そして数百万人が監獄で眠るという。[11] オックスファムの報告書が伝えるところでは、二〇一七年に世界の上位一％の富裕層は、世界の富の八七・七％を保有している。そのなかの六二人、たったそれだけの人々が、人類の下位半分の資産と同等の資産を保有している。二〇二〇年の報告書はさらに圧倒される内容である。[12] われわれの富が貧しくなったのはなぜか。その理由を理解するのは実に簡単である。貪欲と競争に基づく社会は自らの地位を維持・強化することにいつも没頭している少数の略奪者の傍に、大量の「敗者」を必ず生み出す。敗者には、絶対的な意味での敗者（望みのない／見捨てられた人々）と相対的な意味での敗者（諦めた人々）がいる。敗者となった人々は、社会に対して苛立ちや不満を抱えることになる。結局のところ、競争ならびに万人の万人に対する闘争の果てには、たった一人の征服者、つまり唯一人の挑戦者しか残らない。この挑戦者は、その地位が必然的に不安定なので不安に駆り立てられるが、それでもやはり潜在的には幸せを感じている。例えば、二〇一九年十二月に株式市場の取引の数時間後に富裕層ランキングでビル・ゲイツとジェフ・ベソスを抜いたベルナール・アルノーのように……。他のすべての人々は、苛立ち、嫉妬、羨望の苦しみを味わう。経済成長を豊かさの向上と幸福の実現の最大の根拠であるとするのは、ジャン・ボードリヤールの表現を借りるならば「驚くべき集団的欺瞞［…］、「白魔術」的操作」である。[13]

抑圧されたものは再びやってくる——至福《フェリシテ》を目指す市民的経済学

この挫折を克服するために、人々はさまざまな方法で新たな指標を模索している。新たな指標は、良き生の切望の内容を再構築するだろう。しかも、本来の幸福の文脈のなかで理解されるところの良き生を。英国の大学で学んだ現ブータン国王は、国民の発展は単に経済的な問題ではないこと、むしろそれと同じくらい重要な要素も考慮に入れるべきだと発見した。例えば良き統治、国民の健康、教育、環境、ローカルな文化の質などがそうだ。彼はロバート・ケネディの発言を深く考察し、〔二〇〇八年に〕ブータン王国の憲法に国民総幸福（ＧＮＨ）の増加という目標を導入した。このようにブータン国王は、ヤン・ティンバーゲンの提案を、それとは知らず、しかもユーモアを交えて採用した。ただし、真逆の方向に。同様に、世の中には「富の再考」を目指すあらゆる類のオルタナティブ指標を作成する試みが、しばしば政治やマスメディアによる懐柔策を伴いながら広がった。[14] 大学の経済学者はどうかというと、彼らは有名になるために、あるいは指導学生に提案すべき学位論文の主題を見つけるために、未開拓の研究分野を常に模索していた。そして約束が裏切られることを承知の上で、「幸せの経済学（The Economics of Happiness）」という研究分野を構想した。例えば米国のリチャード・イースターリンやダニエル・カーネマンがそうだ。

イタリアの経済学者グループによる市民的「経済学」または至福《フェリシテ》を求める「経済学」というプロジェクトは、このような文脈において誕生した（代表的研究者は、ステファノ・ザマーニ、ルイジーノ・ブルーニ、ベネデット・ギュイ、レオナルド・ベッチェッティである）。この経済学派は個人主義批判の流れを汲んでいる。彼らはアングロ・サクソンの功利主義的経済学の傍流に満足せず、ナポリの市民的経済学を再評価する。市民的経済学とは、少なくとも十八世紀までイタリアに存在していた、アリストテレス主義の伝統によって育まれた経済思想である。[15] 同学派に近い経済学者ステファノ・バルトリーニの著作『幸せのマニフェスト』によって、市民的経済学は脱成長運動が推奨する**〈経済〉からの脱却**という主題にかなり接近した。[16] 市民的経済学の構築にあたって、この経済学派はアントニオ・ジェノヴェシとナポリ啓蒙主義が掲げていた「公共の至福（publica felicità）」という考えに立ち戻る。公共の至福とは、スコットランド政治経済学派の勝利によって忘れ去られた考えである。ナポリの経済学者たちが省察の対象としたのは、公正な政府（buon governo）によって生み出される地上の至福《フェリシテ》であった。地上の至福は、正しい行ないの人々に約束される天上の至福を現世で待つ間に享受される。ナポリの思想家は、市場、競争、経済主体による私的利益の追求という考えを受け入れる一方、トマス主義の伝統を否定しなかった。彼らは〔二十世紀に〕米国の経済学者リチャード・イースターリンによって再発見されることになる「幸福の逆説」を完璧に理解していた。ジェノヴェシは「他者を幸せにせずしてわれわれが幸せになることなどありえない。これは宇宙の法則である」と書き遺している。詩人や作家や哲学者が常に主張していたこれらの基本的真理を経済学者が再発見するのに二世紀がかかった。その間、見えざる手および神格化された個人の利益による「良き統治」という観念の影響の下、地球は徹底的に破壊されてしまった[17]。アンドレ・ジッドは『新しき糧』[❖2]で「わたしの幸せは他人の幸福を増やすことにある。自分が幸せになるためには、万人の幸福が私には必要だ[❖3]」と述べている。一方、認知科学は主観的幸福において「関係財[❖4]」の重要性を認めるようになっており、この見解が英語圏の「幸せの経済学」の学際的・複合領域的な研究を促進することに一役買っている[18]。

ルイジーノ・ブルーニによると、近代経済学は皆、「他者の傷み」を回避するために理論構築されてきた。近代は、**共同体の恐怖**やリスクに対抗して「免疫《イミュニテール》〔贈与を否定する〕」プロジェクトを発展させた。実際に、アダム・スミスの経済学は「共同体《コムニタス》〔贈与し合う関係〕」

に反対して市場という「免疫空間《イムニタス》〔贈与を否定する空間〕」を構築する企てである。❖5 ゆえに親切心は共感資本主義の最後の命綱としてのみ生き残る。アダム・スミスの思想では、物乞いする者だけが親切心に頼る。親切心は、「無償性や互恵的な自由の表現である贈与よりも、マルセル・モースが語る**ムヌス**（社会関係における権力と地位の非対称性を表現および強化する贈与行為であり、受け取ったものはお返しする義務を負う）に近い」[19]。スミスは、「人間生活の真の幸福の本質であるものにおいては、かれら〔貧乏な人びと〕はいかなる点でも、かれらよりもあのようにずっと上だと思われるだろう人々に、劣らない」❖6 ことをはっきりと認めている。しかし彼が確立した経済学は幸福に関してその内容を明確にしようとしなかったし、その実現を立証しようともしなかった。経済学の世界では、幸福について語ることは近年まで憚《はばか》られさえもした。特にフランスではそうである。エリュールは次のように述べている。「やがて物質的な豊かさが重要になるに従い、われわれは幸福を軽視するようになった。なぜなら「幸福」は流動的で不確かで複雑な概念であり、嘆かわしい主観性やロマン主義的な感情の残滓を含んでいるからだ。現代の社会学者や経済学者は物質的な豊かさ（生活水準、生活様式など）を扱うほうを好む。なぜなら物質的な豊かさは限定可能であり、分析可能であり、厳密に計算できるからである」[20]。ティンバーゲンの提案、特にその「ウェル・ハヴィング（well-having）〔多くの物を所有すること〕」

とウェル・ビーイングを同一視しようとする欺瞞がまったく支持されなかった理由はここにある。フィリップ・ディリバルヌとフランスの厚生経済学研究所（CEREBE）は一九七〇年代に幸福を経済評価に含めようとしたが、この試みは明らかに未熟な水準にとどまり、重要な結果を残すには至らなかった。その数年後に彼の研究は見向きもされなくなった。[21] 幸福が語られなくなった跡にできた大きな空洞に、広告の欺瞞が詰め込まれた。例えばアトランタ社は「幸せはコカ・コーラのDNAの一部である」と宣言した。二〇一〇年に同社は「幸福に関するオブザーバー委員会」を設立し、この新たな領域に関して研究を行なうようにフランス国立科学研究センター（CNRS）などの公的研究機関に資金援助した。今やビジネスの世界では、**グリーン・ウォッシング**さながら、正真正銘の**ハッピー・ウォッシング**が起こっている。いうまでもなく、そんなことをしたからといって消費者のフラストレーションは大きく減りはしない。

当然ながら、幸せの経済学に真剣に取り組んでいる理論家たちは、シンプル・リヴィング運動の考えに賛同を示し、簡素な生活形態に再び市民権を与えようとしている。[22] したがって、生きる歓びを研究するこの市民的経済学は、脱成長社会の展望と強く共振する。だが、市民的経済学は二重に曖昧だ。第一に、市民的経済学派は、いまや瀕死の状態に陥っている計算合理性としての経済学を捨てよと言いながら、実際には延命させている。第二に、この経済学派は無自覚のうちに、経済とそれ以外の領域の境界を取り除くことで、彼らの学敵以上に強力な汎経済主義の道を開いている。[23] 計算不能なものを計算する試みが隘路《あいろ》に陥るのは明らかだ。哲学者コルネリウス・カストリアディスは、「わたしは新しい自動車よりも新しい友人を得るほうを好む」と常に言っていた。もっともなことだが、新しい友人の価値はいくらだろうか？[24] 以上で述べた曖昧さゆえに、幸せの経済学に所属する経済学者（そして**もうひとつの経済**を提唱するすべての人々）は真正の経済学者から理解されず、真にオルタナティブなパラダイムを提示することに成功していない。専門領域を限定する計算合理性の境界から出たら、われわれはもはや経済の領域ではなく、モースが「全体的社会的事象」と述べた領域に入り込む。その研究は人類学または社会学、あるいはもっとシンプルに言えば、道徳哲学と呼ばれうる。

南側諸国から現われた希望の道と声

良き生を物質的な満足と同一視し、生活の経済学化に還元するという欺瞞が最も鮮やかに開示されたのは、何よりも南側諸国においてであった。だがしかし、新たな道の約束もまたこれらの国から現われている。河川問題に取り組むセネガルのＮＧＯの代表ティエルノ・バは、次のように問いかける。「フランス人が開発と呼ぶものを村の人たちは望んでいるだろうか？　否。村人たちが望んでいるのは、フラニ語で**バンターレ**と呼ばれるものだ。バンターレとは何を意味するのだろうか？　それは、連帯にしっかりと根づいた共同体を通じて調和のある社会的な豊かさを探求することである。この豊かさのなかでは、共同体の各成員は、最も富める者から最も貧しい者に至るまで、各自の居場所を見つけ、自己の人格的な実現を達成することが可能となる」[25]。ここにわれわれは、開発に代わるオルタナティブな要求の世界的反響の引き金となった南米先住民の「善く生きる（ブエン・ビビール）」という切望を再発見する。Ｆ・ワナクニ・ママニによると、「ボリビアではアイマラ語の**スマ・カマーニャ**という表現、エクアドルでは**スマック・カウサイ**という表現が用いられる。両者はともに〈善く生きる〉、〈円満した生活をおくる〉、すなわち〈母なる大地・自然《コスモス》・生命の循環、およびあらゆる形態の存在と調和して均衡を保ちながら生きる〉という意味である」[26]。人類学者のフランソワーズ・モランは次のように述べる。「アイマラ語の表現には、万物と調和して生きるという意味に加えて、コンヴィヴィアリティが不可欠であるという含意があることを付言しておこう。つまり他者と敵対するよりはむしろ分かち合うことを推奨している。

これら二つの概念は、西洋的な「もっと良い生活を送る（vivre mieux）」という概念とは区別される。「もっと良い生活を送る」とは個人主義、他者への無関心、利潤の追求の類義語であり、人間と自然の搾取の必然性を含意する概念である」[27]。彼女はさらに、「〈善く生きる〉をアンデスの過去への回帰と理解してはならない。むしろそれは、土着の運動の諸実践と知識人たちの省察から生まれた〈構想途中の概念〉である」[28]と説明する。したがって、フラニ族の**バンターレ**の場合と同様、これらのすべてをもうひとつの開発や新たな開発モデルのイデオロギーのなかに含め、非西洋社会の人々も**米国的生活**という意味での幸福追求願望をもっているのだと何の留保もなく主張するのは、大きな誤りとなろう。一部の人々が提唱するような、生命中心主義的な概念に立脚した「先住民の視点を反映した開発（indiginising development）」❖7であったとしても、である。**社会生活**（ソキエタル）のなかで「良き生」を再発見するためには、〈経済〉と決別し、〈経済〉から抜け出してこの切望を追い求めることが重要だ。良き生は良き社会と結びついている。根本的に見て、良き社会とは、生存の手段を最初に与える社会のことではない。まず何よりも生きる理由、つまり意味を与える社会のことである。

　われわれは経済の道を進んできたが、その過程では、具体的な生活経験としての豊かさは個人の消費する商品量によって測定される統計的な所有に還元され、他者や自然のことは顧みられることはなかった。その結果、地上の至福としての幸福《ボヌール》は一人当たりGDPへと転じてしまった。この道を逆方向に進むことは、われわれがどのようにして現在のような状況に至ったのかを理解するために必要である。しかし、このメタノイア（思考の反転）が道半ばで終わり、際限のない進歩を延命させるようなことがあってはならない。節度の感覚の再生とは、なによりもまず、社会的なものを回復するために測定可能性への執着から脱却し、経済と決別することではなかったか？重要なものは計算されないという事実を指摘する異端派経済学者の言説よりも重要なことは、ボリビアとエクアドルの先住民たちによってスマック・カウサイ（善く生きる）が両国の新しい憲法のなかに国の目標として導入され、「開発」という自民族中心主義的な概念とはまったく異なるものとして規定されたことである。このように南米先住民たちは、自立共生的な節度ある生活のなかに「良き生」を再発見する道を開いた[29]。

　われわれの社会に暮らす多くの人々が、「幸福《ボヌール》」という名の下で**生きる歓び**の発見あるいは再発見を切望し続けている。その切望は社会のなかでかつてないほど共有されている。成長主義的な社会によってこの目標を実現できなくなったため、異なる原理に基づいて「良き生」を再定義しなければならない。**幸福／良き生**を「連帯的な社会における節度ある豊かさ」と再定義することは、脱成長の企てがもたらす〔経済成長信仰との〕断絶に符合する。

ポリティカル・エコロジーと開発批判のすべての潮流は、持続可能な開発というありふれた表現と決別する必要を感じており、それゆえに脱成長というスローガンが、ほとんど偶然の産物として掲げられるに至った。消費社会は、生態学的に維持不可能で、倫理的に問題があり、社会的にも支持できるものではない。そのような消費社会に代わる真のオルタナティブの構築を望むすべての人々にとって、脱成長という言葉は連携を促す旗印となった。そして現在では、生産力至上主義と消費主義の論理を断ち切る必要性を意味する**行為遂行的なナラティブ**を構築している。

脱成長は当初から〔哲学的な意味での〕概念ではなく、ましてや経済成長の対義語でもない。この論争的な政治的スローガンの目的は、限度の感覚の再発見をわれわれに促すところにある。特に脱成長は景気後退やマイナス成長を意味するものではない。したがってこの言葉を文字通りの意味で受け取ってはならない。際限なく減らすのは、際限なく増やす／成長させるのと同じくらい馬鹿げたことだろう。よく理解してほしい。脱成長派は生活、空気、水の質を高めることを望んでいる。そして際限なく経済成長を繰り返す行為が破壊した数多くの物の質を回復させることを望んでいる。もちろん、生きる歓びも。厳密に言えば、無神論を語るように「無＝経済成長信仰

(a-croissance)」という言葉を用いなければならないだろう。何よりもまず、進歩や発展への信仰を捨てることが大事なのだ。経済成長や経済に対して無神論者となるのだ。したがって脱成長による断絶は、言葉の秩序と物の秩序に同時にもたらされる。その意味するところは、想念の脱植民地化ともうひとつの世界の可能性の実現である。

〔脱成長に関する〕一連の出来事にはいくつかの偶然が存在する。とはいえ、消費社会と経済成長のドグマに代わる真のオルタナティブを提案する急進的な運動は、「歴史的」と形容してもおかしくない必要性への応答として出現した。超自由主義とマーガレット・サッチャーが広めた傲慢なＴＩＮＡ宣言❖8に直面し、反開発主義者とエコロジストのフリーメーソン集団は、それまでほとんど内密に行なっていた理論的批判に満足することはできなくなっていた。超自由主義に対抗してもう一つの文明転換の企てを提案すること、より正確に言えば、長い間構想中であったが水面下で進められてきた計画《デッサン》を可視化することが急務となったのだ。

このオルタナティブ社会を構築するには、欲求と商品の際限ない創造という悪循環、そしてこの悪循環が引き起こすフラストレーションの増加から抜け出すことが必要である。また補助線として、エゴイズムを治癒することが必要である。エゴイズムは、画一的な大衆化に陥った個人主義の結果生じたものだ。第一の側面は、自己制御によって節度ある豊かさに到達することで実現される。第二の側面は、贈与の精神の再生と自立共生《コンヴィヴィアリティ》の促進によって実現される。

脱成長「派」や「良心的経済成長反対論者」を輩出した脱開発「学派」の分析は、現代グローバル経済を批判する他の潮流（オルタ・グローバリゼーション運動、反功利主義運動、または連帯経済）の分析や立ち位置とも、また、シンプル・リヴィング運動のような個人のライフスタイルの変革を掲げる潮流の諸提案とも一線を画す。なんとなれば、脱開発学派の分析は、問題の本質を新／超自由主義やカール・ポランニーが「形式的経済」と呼んだもの（つまり市場世界）のなかにではなく、〈経済〉の本質であるところの経済成長論理のなかに求めるからである。この点において、脱成長の企ては根源的である。「緑の」「社会的な」「公平な」という形容詞を付けたり、贈与や連帯の論理によって経済のハイブリッド化や国家の調整機能《レギュラシオン》を強めたりすることで、「悪い経済」を「良い経済」に、悪い経済成長や悪い開発を良い経済成長や良い開発に変えるのではない。〔想念と実践の両方において〕〈経済〉から抜け出すことが重要なのだ。この方程式は一般的には理解されない。なぜなら現代人は、経済がある種の宗教であるということをなかなか理解できないからだ。厳密に言えば無神論を語るように「無＝経済成長信仰」を語らねばならないと私が述べる、まさに問題となるのはこの点である。経済成長と経済に対して無神論者となるのだ。一部の人々は脱成長をもうひとつの開発パラダイムや持続可能な開発の一変種として捉えるが、それは理論的な誤謬である。脱成長はまったく異なる社会、つまり節度ある豊かな社会を構築する企てに他ならない。あるいは（ティム・ジャクソンの言う）「成長なき繁栄」を構築する企てとも言える。言い換えると、脱成長は、仮にそれが異なる経済だったとしても、経済学的な企てではない。現実ならびに帝国主義的言説としての経済からの脱出を意味する社会的《ソシエタル》な企てである。

　もちろん、あらゆる人間社会と同様、脱成長社会は生活基盤の生産を組織しなければならないだろう。つまり、環境のなかの資源を賢く利用して物財やサービスを介してそれらの資源を消費しなければならない。ただし、脱成長社会は、人類学者マーシャル・サーリンズが記述した石器時代の豊富な社会[30]——〈経済なるもの《エコノミーク》〉に決して入ることはなかった社会——に少しだけ近づくだろう。脱成長社会は、希少性、欲求、経済的計算、合理的経済人という枠のなかで生産活動を行なわない。経済制度の基礎にあるこれらの想念は問い直されなければならない。ジャン・ボードリヤールがかつて述べていた通り、「経済成長の矛盾のひとつは、財と欲求とを同時に生産するとしても、それらを同じリズムで生産するわけではないということである」。その結果、ボードリヤールが「心理的窮乏化」と名づけた現象が起こるのだ。心理的窮乏化とは、不満足が社会全体に広がった状態であり、そのなかで「成長社会は豊かな社会の正反対として定義される」[31]。豊かさは消費社会の過剰な浪費のスペクタクル（見世物、光景）を通じて可視化されるが、現実の生活では人々はフラストレーションを感じている。シチュアシオニストは、豊かさと貧しさ、発展と低開発などの概念の根本を鋭く問い直した。「豊かな社会」について語る経済学者や社会学者に対抗して、彼らは「豊かさとは、人間の未来と同じく、物の豊富さではなく〔…〕、（生活、そして生活のさまざまな次元の）状況の豊かさとなるだろう」と警鐘を鳴らしていた。また彼らは、幸福は財の所有から生じるのではなく、「幸福、そのような幸福な瞬間は、状況のなかにあるさまざまな人物《ペルソナージュ》が登場する包括的な現実に依存する。つまり、生活者および（彼らの可能性の余白である）彼ら独自の観点と意味が現われる瞬間を含む現実のことだ」[32]とも述べている。いわゆる豊かな社会〔消費社会〕とは、基本的な物が欠乏し希少となった社会である。つまり、きれいな空気、天然の飲み水、健康に良い食べもの、緑化空間、住宅、そしてもちろん時間と分かち合い《コンヴィヴィアリティ》が欠乏し、希少なものとなっている……。

　反対に、簡素な生活の再発見は、イヴァン・イリイチが「現代のサブシステンス」と呼んだものを基礎にして豊かな社会の再構築を可能にする。つまり、「人々が市場への依存を減らすことに成功し、欲求を製造する専門家によって数量化されない／数量化不可能な使用価値の創出に技術と道具が役立てられる社会基盤を、政治的手段によって保護することで実現される脱産業経済の生活様式[33]である。開発と経済成長の想念から脱却し、ある種の止揚《アウフヘーベン》（破棄／超克）を通じて経済的領域を社会関係のなかに再び埋め込みなおさなければならない。経済成長に執着しない社会は、持続可能で、公平で、繁栄する社会となるだろう。祝祭的な社会とさえいえるだろう。まさにこの点において、簡素に生きるしか脱成長社会は実現しないのだ[34]。

　コンヴィヴィアリティは、近代の超克という難問を解決するための重要な補完的要素である。脱成長はゴミ《デシエ》となったさまざまな物質のリサイクルに取り組むが、**見捨てられた人々**《デシュ》の治癒にも同じく関心を持たねばならない。ゴミを生産しないことが最善であるならば、社会が人間を見捨てないことが最善である。ディーセントな社会あるいはコンヴィヴィアルな社会は、社会的排除を生み出してはならない。

　イヴァン・イリイチは、「コンヴィヴィアリティ」という言葉を十八世紀フランスの偉大な美食家ブリア゠サヴァラン（『味覚の生理学――超越的美食法に関する省察』の著者）から借用した。コンヴィヴィアリティは、まさしく、「経済の恐怖」（ランボー）によって引き裂かれた社会関係を紡ぎ直すことを意味する。コンヴィヴィアリティは、ジャングルの法則〔経済競争〕の傍で行なわれる社会的交流のなかに贈与の精神を再導入し、キリスト教のアガペー（神の愛）の精神と共鳴しながらアリストテレス的なフィリア（友愛）を再生する。[35] この考えは、マルセル・モースの直観と完璧に通じ合う。彼は一九二四年に刊行された論文「ボルシェヴィズムの社会学的評価」において、「今日では「慈善《チャリテ》」と間違って訳されているカリタス（caritas）、必要な「友愛」であるフィリア（philia）、「共同体」を意味するコイノミア（koinomia）などの古代ギリシア・ラテン語の諸概念（これらは都市国家の繊細な本質である）」への回帰を「ありふれたことを言う時代錯誤の人と思われることを承知で」提唱した。[36]

また、経済成長社会との断絶を成功させるには、あらゆる民主主義社会を脅威に晒す模倣的な敵対性と破壊的な羨望を払いのけることも重要である。近代社会において、紛争の調停役として期待されている正義は必要であるが、同時に不確かである。正義は、万人の万人に対する闘争が殺戮の拡大へと悪化するのを回避するために必要である。伝統的な社会的紐帯が消滅した状況で正義が存在しなければ、そのような闘争が生じるだろう。だが同時に、正義は不確かなものである。なんとなれば、正義は実現不可能な理念である平等と、際限のない自由という幻想《ファンタスム》によって破壊された共通世界を前提とするからである。だからこそ、経済成長信仰から脱却した社会がコンヴィヴィアルであるためには、贈与の精神とその恩寵が必要なのである。純粋に形式的な正義は、うまく機能しているときであっても（滅多にないことだが）、諸個人の間の紛争を調停する反面、階級的対立から生じる物質的・精神的に惨めな状況を治癒することなく彼らを孤独の砂漠に閉じ込める。しかし「友愛《フィリア》」の緩やかな形態であるコンヴィヴィアリティは、われわれが手離すことのできない本当の意味での「個人主義」と共同体の存続に必要な「連帯」を両立させうるだろう。米国の知識人たちがケアの発明／再生をしたのも、この必要性に応答するためであったことは間違いない。ケアは個人と女性に寄り添った形の自立共生だと言える。

結論として、われわれは良き生に相応しい倫理について問うことが可能だ。もし、ジョン・スチュアート・ミルが考えたように、「主要な倫理的問題は、個人の幸福と共通善を和解させる」ことにあるならば、脱成長の企ては十分に解決の糸口となる。この点において脱成長の企ては、すべての人が良き生をおくるための客観的条件を提供するジュディス・バトラーの研究に通じる。友人のマウリツィオ・パランテが普及した「幸せな脱成長《デクレスチッタ・フェリーチェ》」という表現を私が決して採用しないのは、この表現に意味論上の曖昧さがあるという問題の他に、幸せな生活の成功が決して保証されないからだという理由がある。そのかわり私は、穏やかな脱成長、持続可能な脱成長、もしくは自立共生的な脱成長という表現を用いることを好む。[37] 脱成長の道は、可能なもうひとつの世界の発見へと開かれている。望ましいが決して知りえない不確かな未来においてだけでなく、今ここで生きるためにも、この道に誘う価値がある。このもう一つの世界は未来のなかにある。そしてわれわれのなかにもある。この意味で、脱成長の企ては、「つらい人生のなかに良き生をもたらす[38]」というジュディス・バトラーの問題関心と共鳴する。しかし、経済学を専門とする私は、ジュディス・バトラーとは異なり、個人の倫理から出発して社会変革に至るのではなく、むしろその逆で、不可欠な文化的断絶から個人の生活へのさまざまな含意へと至る道を構想している。脱成長の道は、地上の至福《フェリシテ》への到達を保証するものではないにしても、経済成長社会が生み出した大規模な退廃への解決となる。脱成長の道は、自然環境と社会環境のなかでの調和した生き方を再発見することによって自尊心を再び獲得するための脱出の道だ。エコフェミニストで脱成長の先駆者であるフランソワーズ・ドボンヌは、社会主義について「幸福《ボヌール》を保証するものではなく、強いられた不幸を終わらせるものだ[39]」と述べている。脱成長の道はまさに、より公正でより民主的なエコロジカル社会主義社会の構築を目指している。つまり欲求の自己制御に基づいた、節度ある豊さを享受するディーセントな社会を構築するのだ。

存在への同意は存在者への服従ではない。良心的な経済成長反対論者は、経済という凡庸な悪に加担する消費主義に抵抗しながら新しい幸福を発明する。新しい幸福とは、歓びのなかで生きる技法のことだ。ベートーヴェンが交響曲第九番の冒頭を飾るあの有名な賛歌で称えている歓び、そしてヨハン＝セバスチャン・バッハの同じく有名なコラールで称えられている歓びは、生きているという実感、そして自然環境や周囲の人々と調和しているという感覚から得られる感情である。この感情は普遍的に共有されている。脱成長のもう一人の先駆者ジャン・ジオノは、コンタドゥール共同体の実験を通じてオルタナティブ社会の構築に熱心に取り組んでいた。この時期に書かれた彼の著作の一つに、「人の望みの歓びよ！」[40]というバッハのコラールの題が使われたのは、偶然ではないのである。

第2部　美食、ジャンクフード、脱成長

食は脱成長の企ての重要な側面の一つである。よくあることだが、世間はメディアの影響で、脱成長が飢餓の脅威をもたらしたり、少なくとも食糧不足を引き起こしたりするものであると思いがちである。脱成長の内容を知らない人々がこのような反応をするのは十分納得がいくように思われる。世間ではまず、フランス語の「デクロワサンス（décroissance）[1]」という語を文字通りの意味で受け取り、それが農業生産物を含めた生産量の減少を生じさせ、世界中で慢性的な飢餓問題を増加させると考えがちである。加えて人々は、脱成長社会における食生活は必然的に節制的であると考える向きがある。この二つの考えは間違っている。事実はその逆だ。これまで多くの飢餓・栄養不足・食生活の質の低下を引き起こし、これからも一層引き起こすのは、食のグローバル化を進めてきた経済成長社会の生産力至上主義的な農業のほうである。それゆえに脱成長の企てが含意する簡素な生活の要請は、食べ物の質に対してではなく過剰な消費と飽食に対して向けけられているのであり、禁欲的生活を強要する意図は微塵もない。その代わり「良心的な経済成長反対論者」（脱成長派は自らのことをそう呼ぶ）は、生産力至上主義的な農業と大規模流通システムに内在するさまざまな不平等やジャンクフードを非難し、土壌と生命の力を尊重する小農の農業の再生を提案している。さらに脱成長派は、地球規模での食の画一化によって脅かされている伝統的な食文化の実に豊かな多様性を保全するために闘っている。

　食の観点から言えば、脱成長パラダイムの第一段階は、現存するグローバルな秩序の問い直しと抵抗として描かれる。何よりもまず、消費社会から抜け出さなければならない。この目標が工業化された農業と大規模流通システムに対する闘いを含意するのは論を俟《ま》たないが、それだけでなく、飢餓、栄養不足、浪費、ゴミに対する闘いも意味する。第二の段階は積極的な内容であり、節度ある豊かな社会を構築することである。節度ある豊かな社会では、有機農業および多くの場合は伝統的な食文化（さらには美食《ガストロノミー》）

と結びついたまっとうで良質な食生活が推進される。脱成長の企ての理論体系も、（この企てが含意する断絶を念頭においた）十の政策案も、食についてさまざまな示唆をもたらす。[1] スローフード運動が脱成長における食の側面と実によく符合するのはこのためである。ジャンクフードがもたらす肥満病は日増しに現代世界の悲歎となっているが、肥満病に関する公衆衛生的側面は、経済成長社会の抱える病理を鮮やかに例証している。最後に、食分野における廃棄物に対する闘いは特に重要だ。この分野で簡素に生きることは、料理における創意工夫の源になりうる。

第3章　脱成長は食生活をどのように変えるか？

脱成長は、あらゆる成長現象を問い直すことを意図してはいない。問題となるのはわれわれが暮らす「経済成長を目的とする社会」である。経済成長社会とは、拡大成長型経済に支配され、その論理に取り込まれる傾向をもつ社会として定義されうる。このような社会では、際限なく経済成長を繰り返すことが、生活の唯一とは言わないまでも最大の目標となっている。これこそが想念と実践の両方において経済の支配が完徹した結果だ。このような社会は生物圏の限界にぶつかるので、持続可能ではない。

したがって、脱成長社会を構想するためには、経済から文字通り抜け出さなければならない。「経済からの脱却」という表現が意味するのは、理論と実践の両方において経済が他の生活領域を（特にわれわれの想念を）支配する現状を問い直すということである。そのため、脱成長の企てを概念的に構想する水準は、政策として実行に移す水準に接合されねばならない。これら二つの水準において食は重要な意味をもつ。

構想の水準

私はすでにさまざまな著作で脱成長オルタナティブの構想を提案した。北側諸国にとって脱成長オルタナティブは、「再評価」「再概念化」「再構造化」「再ローカル化」「再分配」「削減」「再利用」「リサイクル」という八つの再生プログラム（８Ｒ）に集約される簡素な生活の「好循環」として概念化されうる。これら相互依存的な八つの目標は、穏やかで自立共生的でなおかつ持続可能な脱成長のダイナミズムを始動させるだろう[1]。これらの目標はどれもみな、農業、食、栄養学、料理法に関わるさまざまな実践に直接的あるいは間接的に意味を与える。

出発点として、経済成長社会の諸価値を根本から変えなければならない。では、経済成長社会の諸価値とは何だろうか？　このことを知るには、テレビのボタンを押せば十分だ。テレビ画面からは、競争、競争力、何を犠牲にしてでも（他者を蹴落としてすら）成功する意志を刺激しながら、あらゆる手段を使って可能な限り多くのお金を稼ぐのだというメッセージが発せられている。もちろん、自然を容赦なく無制限に破壊してでも。人々は、経済成長社会のこのプログラムが行き詰まっており、社会にほんの少しでよいからもっと利他主義や協同を導入し、自然との関係を大きく修正しなければならないということを十分に理解している。われわれは略奪者としてではなく良き庭師として行動しなければならないだろう。速度への執着に対する反応として「遅さ（スロー）」という価値を再評価する動きが現われている。また、量に対して質を再評価する動きも現われている。これらの再評価の動きは、食はもちろん、より一般的にはわれわれが消費するものの生産方法に影響を与える。

現代社会の生活様式と社会機能のシステムが拠って立つ諸価値を問い直すならば、世界と現実を理解するために用いられる諸概念を問い直さなければならない。特に考えるべきは、富はお金に還元されるものでないということ、本当の富とは友人がいたり、興味のあることをしたり、知的に豊かになったり、自分たちの潜在能力を実現したりすることでもあるということだ。富のお金への還元を問い直すならば、「貧しさ

(pauvreté)」の意味も物質的・精神的な惨めさとは区別して再生しなければならないだろう。[2] 簡素で尊い生活形態は、あらゆる社会においてプラスの価値を持っていた（西欧社会の場合は十八世紀までだが）。スローフード運動の創始者カルロ・ペトリーニがよく指摘するように、この倹朴さ❖1（pauvreté）は多くの料理の発明の根源にあるものである。またそれは、「貧しさ❖2」を主題に活動する偉大な建築家・都市研究者ヨナ・フリードマンが示唆していることでもある。彼は次のように述べている。「われわれが料理の技術と呼ぶものは常に、ヘドニズム的欲求を満たす手段である以前に、環境が生み出したものを食べ物に変えるプロセスであったことを忘れてはならない。「食物化」(comestibilisation) の第一義的な役割は人間の生命を維持することであったが、同時にそれは、生物学的な楽しみと感性論的な楽しみを混ぜ合わせる技術（すなわち料理法）の根源となる（同等の技術は愛する技術にしか見出されない）」[3]。さらに彼は続ける。「ワインの醸造やチーズの発酵は実に偉大な発明である。ブイヨンもまたもうひとつの大きな発明だ。これらの調理法によって、生態系への介入を最小限に留めつつ食物の備蓄を大幅に増やすことができた（なぜなら食物の保存が効くからだ）。人間の住まい《ハビタット》に関わるあらゆる概念（囲炉裏、穀物置場）は、これら食物調理法をモデルにして生じたということも強調しておこう」[4]。

近代の経済論理は、伝統的な簡素な生活に否定的な価値を与え、同時に倹朴な人々(pauvres)は惨めな人々(misères)に変えられてしまった。[3] これは、自律的な生存を可能にしていたヴァナキュラーな領域が破壊された結果である。自己制御の尊厳を再発見しなければならない。また、世界の経済学化を生み出した「希少性」と「豊富さ」という恐ろしい対概念を問い直さなければならない。経済学者が扱う希少性概念は近代経済学によって発明された。それは自然におこる欠乏とはまったく異なるものである。希少性は、十六世紀の英国で始まった共有財《コモンズ》の搾取の結果である。そのとき起こった**囲い込み運動**(エンクロージャー)によって、倹朴な人々は自分たちの家畜を放牧できなくなり、共有地である草原は地主階級に分配された。すべての人間に与えられた自然の恵み(biens)のこの収奪は、現代では水の民営化や生物の商品化として進められている。遺伝子組み換え作物に関する闘いでは、自然界から与えられた生物種の豊かさ(fécondité)を小農民から奪う行為がまさに起こっている。生物種の豊かさと自然界の再生産の無償性は、マイクロソフト社にとってのオープンソフトウェアがそうであるように、モンサント社にとっては支持できないものである。なぜなら無償で潤沢に存在するものからは利潤を得られないからだ! したがって、小麦やトウモロコシなど、小農民に種を毎年購入させて再生産させるために、希少性を人工的に創出しなければならない。世界のこの人工化に対抗する闘いは、まっとうで天然の食べ物を求める運動と生物多様性の保全を求める運動として現われている。一方でシンプル・リヴィング運動は使い捨てや廃棄物の制限を促進している。これら自己制御の実践は真の豊かさ（abondance）の源である。浪費を止めない社会は、満たされない無限の欲望から生じるフラストレーションを餌に成長する。だが、そのような社会が見せつける偽りの豊かさとは正反対に位置するのが自己制御なのだ。

経済成長社会を支配する諸価値と諸概念を問い直せば、生産方法と生産関係が変わるだろう。この構造転換は必然的に分配／流通の仕組みに変化をもたらす。しかし再分配は、自然資源の利用権の再分配も意味する。つまり南側諸国がもっときれいな空気を吸い、今より少しだけ多く消費し、より良い生活ができるようになるために、北側諸国のエコロジカル・フットプリントを削減することを意味する。これから論じるように自立共生は食を楽しむ技法（ガストロノミー）に深く関わる。その秘訣は常に分かち合いにあった。

この変革において最も重要なのは再ローカル化である。目的地の真の変革が起こるのだ。つまり、再ローカル化は**脱グローバル化**を意味する。再ローカル化によって、脱成長の企てが構想する具体的なユートピアは、（そこから提案されうる）移行のための

政策案へと結びつく。再ローカル化は地域に根差した雇用の再生を意味するとはいえ、その内容は経済的側面だけに還元されるものではない。特に重要なのはエコロジカル・フットプリントの削減である。経済合理性の名の下で、最小限の良識に反して地球規模での長距離移動が推進されてきた。例えば、アンダルシア産のトマトをオランダに運び、同時にオランダ産のハウス栽培トマトをアンダルシアに運ぶために、四〇〇〇台以上のトラックが毎日ペルテュ峠を通過している。また、毎日八〇〇〇台のトラックがフランスとイタリアを結ぶアルプス山脈を通過するのはなぜだろうか？ サンペレグリノの水をフランスに、エビアンの水をイタリアに運搬するためだ。このようなことはまだまだ増えることが予想される。なぜなら新しいトンネル（例えば、スーザ渓谷）、新しい高速道路、新しいTGV路線、新しい鉄道路線などを作る開発計画がヨーロッパ中で進んでいるからだ。これらの計画は、一日に通過するトラックの数を四〇〇〇台から八〇〇〇台、そして一万六〇〇〇台に増やすために、もしくは同等の鉄道交通量を実現して最終的には交通麻痺に至らしめるために、対象地域一帯を破壊している。また、三〇年前にはモンブラン山脈のトンネルで貨物トラック衝突事故が起こり大惨事となった。事故の後、全焼したトラックのうちの一台がトイレットペーパーを輸送していたことがわかった。まるでフランスとイタリアの両国が自国でまともにトイレットペーパーを生産する能力を持っていないとでも言いたいような話ではないか。

脱成長の視座では、再ローカル化は経済的な側面において必要であるだけではなく、それ以上に精神的・知的・霊的な健全性にとって必要である。ローカルの意味を再生するのだ。食に関して言えば、それはローカルに生産された旬の作物の風味を再発見することを意味する。大規模な輸送は不要となり、冷凍も保存料も不要となる。あらゆるおいしい料理にとっての基本調味料は、良質で天然の作物である。

削減はそれだけで、狭義の脱成長の企てのエッセンスを要約しうるだろう。例えば、先進工業国のエコロジカル・フットプリントの削減、消費の削減、飽食の削減などが挙げられる。北半球の富裕な国に暮らすわれわれは、自分たちの健康のためだけでなく全人類が飢えないためにも、食肉の消費量を減らすべきである。ギー・ジャックによると、「フランスは現在、動物性たんぱく質の一人当たり消費量が最も高い国である。もし世界中がフランスの食生活を模倣したら、地球上には三〇億人しか生存できないだろう。他方で植物性たんぱく質をベースとした食生活を採用すれば、地球は百二〇億人のニーズに対応することができるだろう」[5]。われわれは浪費を削減しなければならない。なぜなら大型ショッピングセンターで販売されるパンと食肉の少なくとも三〇%は、販売店か家庭のゴミ箱に直接廃棄されているからだ。しかし最も重要なのは、おそらく、労働時間の短縮だ。今よりも少なく働くことは、すべての人が働けるようになるために必要である。この点は、失業問題を解決するために脱成長が提案していることの一つである。生活を変えるために根本的に必要である。より少なく働くということは、必ずしも活動を減らすことを意味しない。それは義務づけられた活動〔労働〕の一部を能動的に選択した活動に置き換えることを意味する。より良く生活するために、そして世界にわれわれが存在する意味を再発見するために、より少なく働く必要がある。つまり、大地から採れた作物の風味を味わうためにもっと時間をかけるのだ。また、おいしい料理を作るための自由時間を持つのだ。

家庭用機器は、製品の計画的なモデルチェンジによってすぐに使い物にならなくなる。もちろん、それらを廃棄する代わりに再利用することを進めなければならない。再利用が可能な物や耐用年数を延長できる製品は沢山ある。再利用を進めれば、それに付随して雇用も創出されるだろう。また、家庭用機器を廃棄する代わりに修理すれば、多くの一次資源の節約にもなるだろう。再利用は美食においても重要な役割を果たす。風味豊かなレシピの多くは、残り物を活用する工夫から誕生した。不安定な条件のなかで生存してきたさまざまな社会では、節度ある生活を余儀なくされてきた。だが、そのことが同時に料理法を豊かにしてきた。これらの料理法を活用すれば、地球資源を大切に使うことができる。

最後に、再利用できない物はリサイクルすればよい。食に関して言えば、昔からリサイクルは、生物学的・土壌化学的に再生可能な天然の肥料に基づく厩肥《きゅうひ》や堆肥《たいひ》のことを指していた。これらの肥料は健康に害がないし、地下水面を汚染しない。堆肥化は再生可能エネルギーに利用可能なメタンも生産する。

このように、8Rとして提案された脱成長の循環は生産・消費一般に対してだけでなく、我々の生活様式を支える食べ物と食文化の質にとっても有徳である。

政策の実行

第二の水準、すなわち脱成長の企ての実行に関わる水準は、食の文脈においてよりスケールの大きな介入を想定する。それが国政選挙のために提案した十の政策案の含意である。この政策案のうち最初の九つは、私が二〇〇七年のフランス大統領選に向けて提案し、ルモンド・ディプロマティークの記事として公表され、その後『穏やかな脱成長に関する小論』に収録されたものである（二〇〇八年の金融危機以後、十番目の政策案が加えられた）[6]。

① 持続可能なエコロジカル・フットプリントを再生する。
② 適切な環境税の実施によって外部コストの内部化を行ない、輸送を削減する。
③ 諸活動の再ローカル化を推進する。
④ 小農民の農業を再生する。
⑤ 生産性の増加分を労働時間の短縮と雇用創出に割り当てる。
⑥ 関係財の「生産」を促進する。
⑦ エネルギー消費を現行水準の四分の一まで削減する。
⑧ メディアにおける広告スペースを大胆に制限する。
⑨ 科学技術研究の方向を見直す。
⑩ お金の再領有化（再ローカル化）を進める。

この政策案は今日では他の西洋諸国にも十分に応用可能であるが、アフリカ諸国やラテンアメリカ諸国に対してはそうはいかない。節度ある豊かな社会という企てを実行に移すには、この企てが重要性をもつ国の市民によって政策案がその国の文脈に落とし込まれる必要がある。

最初の政策目標、すなわち地球一個分に等しいかそれ以下のエコロジカル・フットプリントの再生は、他の条件を等しいとするならば、一九六〇～七〇年代の水準に等しい物質的生産に戻ることを意味する。これは大きな変化を意味するが、それほど急進的な変化ではない。石器時代に戻らずにわれわれのエコロジカル・フットプリントを約七五％削減する――上述の目標を達成するために必要な水準である――にはどうすればよいだろうか？　答えはいたって簡単である。厳密な意味でのエコ効率性の増加に加えて、広義の「中間消費」（運輸、エネルギー、包装、広告）を大幅に削減すれば、最終消費を大きく減らすことなく目標を達成できる。ローカルへの回帰と「無駄使い」の削減が目標の実現に貢献するはずである。

理論的には実に単純なことであるが、必要な変革を実践するには現行の社会機構と根本から決別しなければならない。輸送の削減という目標は多大な政治的な勇気を要求する。なんとなれば、我々は現行の社会機構の狂った逆生産的なシステム（もっと遠くに、もっと速く、もっと頻繁に……という論理）に深く嵌《はま》り込んでしまっているからだ。フランスの自動車利用者が負担しない外部費用は、最も少なく見積もっても年間二五〇億ユーロ以上に上る。この金額は石油製品に関する内国消費税（ＴＩＰＰ）❖[4]よりも大きい[7]。適切な環境税による輸送費用の内部化は理に適っている。環境税のこのような適用は、地産地消《キロメトル・ゼロ》の目標を推進し、健康的な料理の条件である新鮮な旬の作物を入手しやすくなるだろう。これに加えて、マス・ツーリズムを規制するには想念の脱植民地化をさらに進めなければならない。なんとなれば、われわれの生活のなかには移動癖が慣習化されているからだ。教育へ大胆な投資が必要となる。

第三の政策目標である諸活動の再ローカル化は、環境に対する負の影響を考慮して人間と商品のグローバルな移動の量を問い直すことを意味する。とはいえ、グローバル化の弊害は、雇用の破壊や地域の産業空洞化などの事例を見れば一目瞭然だ。哲学としての再ローカル化が脱成長理論の一部を構成するという点については、すでに述べた。問題となるのは、その実行のための具体的な施策の導入である。本章の主題である食の領域においては、例えば「季節外れの」果物や野菜の大量消費を止める必要があるだろう。また、食の再ローカル化を実行するための良識に適った多くの議論が存在するので、実現はそこまで難しくはないはずである。

四番目の小農民による農業の再生は、季節に合った天然の伝統的な食べ物を可能な限り地域で生産することを推奨する。現在、一キログラムの赤身の肉を食べると、六キロリットルの石油（および数十万リットルの水）が消費されることになる。したがって、化学肥料、合成植物防疫製品、過剰な機械化、包装、大型ショッピングセンターなどを介して消費される化石燃料への依存を段階的に無くしていくことが重要である。特に、アレルギー誘発性、神経毒性、免疫抑制性、変異原性、発がん性、内分泌かく乱作用、したがって生殖毒性（不妊症を引き起こす可能性）がある化学農薬の使用を禁止することは、公衆衛生上の喫緊の課題である。[8]

第五の目標は、生産性の増加分を労働時間の短縮と雇用創出に割り当て直すというものだ。この提案は、失業が存在する現状を考えると良識に適っていると言えるし、生産力至上主義的なプロパガンダの影響がなければ難なく実行に移されるだろう。フランスでは、およそ二世紀にわたって、単位時間当たり労働生産性は三〇倍に増加した。しかしその一方で、一人当たり労働時間は半分にしかならなかった――イヴァン・イリイチが「シャドウ・ワーク」と呼んだ見えない労働（移動時間、諸々の手続きに要する時間など）を含めるならば、労働時間は半分も減っていないだろう。また、生産量は二六倍に増えたのに、雇用は一・七五倍しか増えなかった。[9] 優先順位を逆転するのだ。ワークシェアリングを実行し、余暇を増やす必要がある。経済成長社会のフォーマットによって現代人は仕事中毒者になったとはいえ、多くの人々は隷属的な労働と超過労働時間（または地獄のような労働ペース）から逃れたいと思い続けている。そして余暇の増加は美食に対して無視できない影響を与える。おいしい食べものを選び、料理の楽しみを再発見しながらより良く食べるために必要な条件というものがあるのだ。

第六の目標は、関係財の「生産」の促進である。関係財とは、友情や知識など、「消費」してもストックが減ることのない財のことである。知識と社会関係の私有化・商品化を望む人たち以外は、私がこのような財を「消費」することに対して強く反対を唱えはしないだろう。ベルナール・マリは次のように説明する。「知識の交換は商品の交換とは根本的に違う。知識の交換においては、与える側は何も失わず、受け取る側は相手から知識を得るが奪いはしない。このように、広義の知、専門知識、技法は、万人に共有され、「消費」されうる。ピタゴラスの定理は、数百万の人々に利用され、幾千もの関数に応用されている。誰かからその使用権を奪うことはない。知識は共有財《コモンズ》だ。他者に少しのフラストレーションも引き起こさずに、みんなで飲むことができる若返りの水である」[10]。ラウル・フォルローは「幸福は、与えたときに確かに感じることができる唯一のものだ」と述べている。また、フランソワ・フラオーは、幸福とは「お金では買えないものから生じるこの歓び」のすべて、すなわち「生き生きとした会話、友人に囲まれながら食べる食事、良質な労働環境、住み心地のよい都市、さまざまな文化活動（専門職、芸術、スポーツなど）への参加、そしてより一般的には他者との多様な関係がもたらす楽しみ」であると具体的に述べている。[11]社会生活の基礎を成すこれら多様な善いこと（*biens*）は、他者と共に楽しむことによってのみ存在する。ジャン＝ポール・ベッセが示唆するように、「関係が生活の歓び（そして苦しみ）の大部分を占めるという事実は、草原に残った最後の狼でさえよくわかっていることである」[12]。したがって、健康的な食事と美食に不可欠な調味料でもあるコンヴィヴィアリティを発展させることが大切なのだ。コンヴィヴィアリティは、美食家のブリア＝サヴァランが使った言葉に他ならない。

第七の目標は、非営利組織ネガワットの研究調査に従ってエネルギー消費を現行水準の四分の一に削減するというものだ[13]。エネルギー消費の削減は、生活様式と生活習慣に関わる課題である。食もまた例外ではない。エネルギー浪費の原因としては、生産物の包装、冷凍庫、電子レンジの過剰利用などが挙げられる。これらの浪費をなくすためには、生活習慣を変え、新しい生活に適応する必要がある。適応することは決してマイナスのことばかりではない。だが、そのためには多くの教育的努力が必要である。

第八の目標は、想念の脱植民地化を促進するために広告への支出を大幅に罰則化することだ。食の領域に関して言えば、広告はジャンクフードの普及の大きな要因である。この点において、**エコロジー協定**❖5におけるニコラ・ユロの次のような提案を参照してもよいだろう。「この考えに従えば、子供向けテレビ番組放送中に流れるあらゆる広告、特に子供たちの健康に対して有害な製品を良いものであるかのように伝える広告を段階的に禁止する可能性について研究する必要があるだろう。その目的は、広告の誘惑に対して必要かつ批判的な距離をとることができない年齢の視聴者の消費行動に条件を設定することである[14]」。

九番目の目標は、科学技術のイノベーションに対するモラトリアムを法制化することだが、これは技術革新の適切なバランスシートを作成し、〔社会の〕新たな切望に応じて科学研究・技術開発を方向転換することを意味する[15]。例えば、有害な化学物質よりも「グリーン・ケミストリー」❖6を、遺伝子治療よりも環境医学❖7を発展させることが重要だ。また、工業的農業（遺伝子組み換え作物、他の化学食品）よりも農業生物学やアグロエコロジーを推進することが重要である。食に関して言えば、これらの方向転換は重大な結果をもたらすだろう。その上、モラトリアムは、往々にして社会的効用の低い強要された大規模開発プロジェクト（核融合エネルギー実験、高速道路、ＴＧＶ、産業廃棄物焼却炉など）にも適用されねばならないだろう[16]。

最後の第十番目の目標である貨幣の再領有化は、拙著『脱成長の賭け』ではさまざまな箇所で分析がなされていたが、明確な論点を構築するには至っていなかった。しかし、近年の金融危機の影響でこの目標は、脱成長社会への移行を構想する政策案において優先順位が高くなっている。地域社会のなかで貨幣を漸次的にコントロールし、銀行に支配されないようにしなければならない。良識に従えば、貨幣は人間の役に立つべきであって、人間が貨幣の奴隷になることがあってはならない。繰り返される金融危機の脅威を軽減し、金融商品の増殖を防ぐことは喫緊の課題である。[17] そのためには、銀行の活動および金融活動を規制し、グローバル金融市場を再分割し、貨幣空間を再断片化しなければならない。例えば、信用（クレジット）の証券化や過剰なレバレッジ効果への依存を止め、損失負担能力（カヴァレッジ・レシオ）を著しく高めなければならない。おそらく、先物取引市場をなくし、輸入業者・輸出業者にとってより古典的な保証システムに戻る必要があるだろう（過剰な自由貿易を問い直す必要と再ローカル化を推進する観点から、このシステムは今までよりも理に適った水準で運用されなければならない）。ローカルもしくは生物流域単位で運用されるオルタナティブで補完的な通貨を、さまざまな形の実験および適応（例えば、回転式相互信用、マイナス利子率の適用など）を通じて発展させることは、この目標に適うだけでなく、再ローカル化のための強力な梃子《てこ》にもなる。グローバル化した生産力至上主義は、土地との繋がりや場所と時間の感覚を失っている。補完通貨の導入は、[18] このような生産力至上主義に対して、生活のための地域を再領有化し、世界に再び住まうための有力な手段となる。地域通貨システムの妥当な規模は、一万人から百万人の間であることには間違いない。これは、生物流域《バイオ・リージョン》またはエコ・リージョンの望ましい規模に相当する。したがって、真の地域通貨政策の創造を構想しなければならない。住民の購買力を維持するためには、貨幣を可能な限り地域のなかで循環させなければならないだろう。同時に経済に関する意思決定をローカル規模で行なう必要がある。これらはすべて、風味豊かな農産物を生産する地域の小規模農家にとってプラスの効果をもたらす。なぜなら小規模農家は、大量生産された安価な工業的農産物との競争のなかで、良質な農産物の販路を見つけるのに苦労しているからだ。特にチーズやワインは、原産地呼称統制（ＡＯＣ）やさまざまな認証があるにもかかわらず、小規模農家には不利に働いている。このようにして、直接的にではないにせよ、通貨政策の改革は農業生産、流通、食生活に影響を与えもする。今日の文脈では、変えることができるのはローカルな規模に限られているように思われる。しかし、ローカルな変化が広がることでグローバルな変革が促されうる。そのような前向きなシナリオを描くことは可能だろう。

すでに確認したように、脱成長は理論においても実践においても食生活や料理法に関して多くの示唆を与える。食生活や料理法は、公衆にとって無関心ではいられない分野である。なぜならそれらは健康と食事の楽しみに同時に触れる問題だからだ。だからこそ、どのように食べるかは、脱成長革命をもたらすための手引きとして無視できない問題であありうるのだ。

第4章　脱成長とスローフード[1]

脱成長について講演する際、私がよく話題にすることがある。それは、節度ある豊かな社会を構築する企てのうち、料理、ガストロノミー、農業に関わる分野で貢献しているのがカルロ・ペトリーニのスローフード運動であるということだ。スローフード運動は、ファストフードの対抗軸となることを目指し、地球規模の**コカ・コーラ化**と**マクドナルド化**、より一般的に言えば、スピードを追い求める現代的生活に異議申し立てをしている。この運動は最初期からファストフードの進出に対抗し、伝統的な食生活と農作物の再生および再評価に努めていた。やがてその活動は消費社会のシステム全体を問い直すまでに至った。

読者がまず気になるところは、脱成長とガストロノミー[❖1]を結びつけることが二重に逆説的であるように見える点だろう。実際に「良心的な経済成長反対論者」のなかには、「悲しい脱成長」を掲げる者がいる。つまり彼らは急進主義的なエコロジー思想を推進するあまり、動物由来の食事の禁止（菜食主義、完全菜食主義、ヴィーガニズム）を推奨するのだ。動物倫理的な関心からなされるこれらの選択は、料理法の洗練化を必ずしも禁止するわけではないのでもちろん妥当である。だが、彼らのなかでも最もアグレッシブに菜食主義を主張する者は、料理法を洗練させる必要を認めていない。しかし、脱成長運動の根本テーマである生きる歓びの再生は、風味の再生を通じて実現するのだ。風味（saveur）と知恵（sagesse）の語源が同じであることを思い出すとよい。賢さ（sapience）は美味しさ（sapidité）の延長であり、その逆もまた然りだ。健康的で風味のある食べ物は、脱成長の道へと楽しく進んでゆく手段にもなる。またそれは有機農業を推進して肥満病を治癒し、同時に飢餓の亡霊を消滅させる最良の方法でもある。

そのためにはまず、「ガストロノミー」という言葉の意味について誤解を解かねばならない。『味覚の生理学』――カルロ・ペトリーニの愛読書――においてブリア＝サヴァランは、ガストロノミーを「食べるという人間の行為に関わるあらゆる事柄に関する分別ある知識[2]」と定義する。つまりガストロノミーは、自然誌、物理学、農学、医学、政治経済学のすべてを包摂する学問分野なのだ。カルロ・ペトリーニに言わせると、美食は社会生活全体に関わるものであるから、脱成長派にとっても、食べるという行為は「農的な行為」——さらには政治的かつ医学的な行為——となるのだ[3]。食事の中身を問うことは、自然界と人間との調和に対する関心を失わずに味覚を楽しむまっとうな性向を示している。「良心的な経済成長反対論者」は、生産力至上主義的な農業と大規模流通システムに関連するさまざまな不平等とジャンクフードを糾弾し、スローフードによるガストロノミーの企てに喜んで参加する。真摯な美食家は、世界中の農業が直面している不公正や、小農、小規模生産者、職人、その他の食料分野の労働者たちの不遇に対して無関心であってはならない。「農地での労働の報酬が尊厳ある水準でなかったならば、農業、美食、食糧主権の未来はないだろう[4]」とペトリーニは述べている。また、スローフード運動は小農のあらゆる要求と連帯している。「食の権利は、小規模農業と地域に根差した美食の尊重、水への権利、生物多様性保全の権利を必ずともなうべきである[5]」。

だがしかし、我が国においてスローフード運動は偏見と結びついた誤解を受けている。誤解の要因は、間違いなく運動の実践の歴史に由来している。フランスでは一九九〇年代にジャンクフードに対する異議申し立てが起こった。異議申し立てはラルザック〔フランス南西部ドルドーニュ県のコミューン〕で始まった。当時、農民同盟[2]とそのカリスマ的成員のジョセ・ボヴェは、農業用の熊手を携えて、ミヨー〔オクシタニー地域圏の自治体〕のマクドナルドの破壊に象徴される大規模な運動を組織した。スローフード運動と同様、すべてはファストフードに対する異議申し立てから始まったのだ。それからフランスの活動家たちは精力的に社会運動を展開し、一九九九年にシアトルで開催されたG7サミットを阻止する行動にまで出た。しかし、この一連の運動においてオルタナティブは、新しい形態のレストランの誕生と発展ではなく、むしろはるかに大規模で急進的な、あまり享楽的ではない運動となって現われたのだ。その運動とは、多くの野心と曖昧さと矛盾を孕むオルタ・グローバリゼーション運動である。[3] ジョセ・ボヴェは鞄のなかに職人が作ったロックフォール・チーズを持ち運んでいたのに。

そのうえフランスでは、工業的なレストラン業の脅威はこの国特有の美食の伝統によって長い間隠蔽されてきた。つまり、テロワールでとれた新鮮な食材を使った手作り料理を提供する星付きレストランのネットワーク、健康的で風味豊かなシンプルな料理を手頃な値段で食べられるカジュアル・レストランや小さな宿その他地方のビストロのネットワークによって支えられてきた美食の伝統のことである。フランス人は常にプライドが高く、是非はともかく自分たちこそが偉大な料理を発明したのだと考える。良く食べるとはどういうことかを知るのにイタリア人から講釈を受ける必要はないと思っていたのだ……。その結果、「スローフード」というラベルは、ペトリーニと伝統食の生産者・職人によって設立されたもう一つの運動であるテッラ・マードレ[4]からも、ビア・カンペシーナ運動[5]との関連性からも切り取られた（スローシティ、スロー建築、スローサイエンス、スロー医療、スロー技術、スロー農業など、その後に増えた姉妹運動体の群れは言うまでもない）。そして「ボボス（BOBOS）」と呼ばれるエコロジー気取りの文化的上流階級――彼らは少し俗物的かセクト主義でさえもあり、生活に困っていない――の仕掛けたものとして受け止められた（いまだにそう思われている）。

スローフード運動の創始者が、彼に影響を与えたブリア＝サヴァランの祖国でほとんど認知されないのは残念というほかない。さらに、さまざまなアプローチの間の大きな溝を克服しなければならない。かたや、遺伝子組み換え作物や農薬に反対する活動家や農民連合の組合員は、よりアグレッシブなアプローチを採用している。また、アグロエコロジーやビオコープ[6]など、脱成長のアプローチに近い活動が存在する。さらにそれとは別に、スローフード運動のアプローチがある。カルロ・ペトリーニの名著『食と自由（Cibo e libertà）』のフランス語訳が『味覚を解放しよう――自由とガストロノミー』

というタイトルで出版されたが、同書が彼のアプローチに関して残された曖昧さを払拭することを期待せずにはおれない。なぜならペトリーニのアプローチは、脱成長運動が挑む戦いと隣接しており、補完的な役割を果たすことが明らかであるからだ。

消費社会からひとたび抜け出せば、脱成長は**節度ある豊かさ**を享受する社会の構築として描かれる。節度ある豊かさは、ガストロノミーに関するさまざまなコノテーションを含む表現である。脱成長の企ては、有機農業および伝統的な食生活（さらには美食）と結びついた健全で良質な食の推進を目指している。したがって、「良心的な経済成長反対論者」は、「おいしい、きれい、正しい」[6]というスローガンを掲げるスローフード運動において十分に認知されている。ある意味、脱成長のこの政策案は、「グローバルに考え、ローカルに行動する」というエコロジストの信条《マントラ》の後半の部分と難なく合致する。

一方で、脱成長パラダイムの最初の段階は「消費社会からの脱出」を目指す点においてグローバルな視座に立って体制を否定する。環境と人間を尊重しながら良質な食を生産するためにローカルに行動する。このような行動に打って出ることは、工業的農業と大規模流通システムと闘うことはもちろん、飢餓、栄養不足、過剰包装、食料廃棄と闘うことも意味する。まさにここにこそ、スローフード運動と連動したテッラ・マードレというより大規模な運動の意義があるのだ。テッラ・マードレは、スローフード運動の問題関心を食糧生産や小規模生産者にまで拡張した運動である。その結果、テッラ・マードレは、農薬や化学肥料を使わない農業を推進し、土壌や風景の破壊そして過剰包装に反対することで、生物多様性を保全するための闘いに参画している。脱成長とスローフードが、ブリア＝サヴァランからイヴァン・イリイチへと伝わった「コンヴィヴィアリティ」という鍵概念を共有するのは偶然ではない。

一方で、かたつむりを脱成長のシンボルとして選んだのは偶然である。だが、それが期せずして幸運な状況を生み出している。かたつむりは速度を緩める必要だけでなく、もっと重要なもう一つの教訓を教えてくれる。その教訓とは、脱成長そのものというしかないものだ。イヴァン・イリイチは次のように説明する。「かたつむりは、精妙な構造の殻を幾重もの渦巻に広げると、そのあとは習熟した殻つくりの活動をぱたりとやめます。渦巻を一重増やすだけで、殻の大きさは一六倍にもふえてしまいます。そうなると、この生き物には目方の負担がかかりすぎて、かたつむりという安定したくらしに貢献するどころか、生産を少しでもふやすと、目的に従って定められた限界以上に殻を大きくすることからくる困難に対処する仕事のために、文字通り重みがかかりすぎるという結果になるのです。この点で、過剰成長からくる問題は幾何級数的に増大しはじめるのにたいし、かたつむりとしての生物の能力はせいぜい算術級数的にしか大きくなりません」[7]。かたつむりは幾何学的理性としばらく寄り添った後、そこから離れた。この教訓は、可能であるならば穏やかで自立共生的な「脱成長」社会を考えるための道筋を示している。[8] したがって、脱成長の企ては、ジャンクフードに対する闘いだけでなく、脅威に晒されている食と料理の文化遺産を救い、失われた風味を再発見するという関心においても、スローフード運動と問題意識を共有している。

ジャンクフードとの闘い――食卓から農地へ

スローフード運動の力とカルロ・ペトリーニの凄さは、「食べる」といううすべての人間にとって否定しようのない具体的営みに根を下ろしている点にある。誰一人として、食卓に並ぶ皿（そしてグラス）の中身に無関心でいられるはずがない。狂牛病に始まり、水道水へのアトラジンの混入、そして馬肉入りのラザニアのエピソードに至るまで、多くのスキャンダルが起こり、工業的な食生活の危険性や、経済成長社会が引き起こす汚染の農地への拡大が明らかになった。その結果、普段「政治的な立場を表明しない」と言われている多くの人々が、食の問題にこれまで以上に関心を持ち始めた。実に急速に、人々の関心は食卓から農地へと否が応でも移っていった。脱成長の論争的なスローガンによって、われわれはマスメディアの注目を集めることに成功した（そしてまた、反感も買った）。そして経済成長社会の批判的分析と、節度ある豊かな社会――穏やかで、自立共生的で、持続可能な社会――を構築する企てを、数千もの賛同者の間に普及させることができた。しかし、脱成長のメッセージは急進的で、生活習慣の大部分を問い直すことを意味するので、ヒロイズムに惹かれない多くの実直な人たちはやる気を失ってしまった。対照的に、消費者だけでなく、世界中の数十万の生産者、小農民、職人、漁師たちにスローフード運動への参加、食の画一化に対する闘い、味覚と風味の再発見を促したのは、風味豊かで健全な食生活という穏健な提案であったように思われる。[9] さらに、テッラ・マードレの創設によって、数百万人の消費者・生産者および多様な職種の人々が、しばしば本人たちの知らないうちに、生産力至上主義的な農業、アグリビジネス、大型ショッピングセンターが奏でる地獄の三重奏から抜け出す革命的な企てをもたらすことに成功している。つまりこれらの人々は、経済成長社会と消費主義を根本から問い直すことに成功しているのだ。スローフードは、直接的または間接的に世界中の数百万の人々に影響を与えている。それゆえにカルロ・ペトリーニは、食の最大の多国籍運動体が存在するのだと言っている。世論に大きな影響を与えるという点において**脱成長派**（そしてあらゆる**オルタナティブ志向の**運動）

は失敗したが、スローフードはある意味成功したのだ。

脱成長というスローガンが、際限のない経済成長という目的の放棄を強く謳っていることを思い出してみよう。やみくもに経済成長を続けるのは分別のない社会目標だ。それは環境に対してだけでなく、農業、食、健康にもとんでもない影響を与える。したがって、脱成長運動が牽引する闘いの射程は、ファストフードを非難するよりもずっと広い。「良心的な経済成長反対論者」は、経済成長社会という悪の根源に闘いを挑んでおり、根本的な治癒を提案している。つまり、地球の限界と調和する簡素な社会を主体的に構築するという治療法である。なかでも脱成長の企ては、体系的な「脱グローバル化」と生産力至上主義的な農業の拒否を含意する。脱成長運動は既存の経済成長体制に対してこのような正面攻撃を与えるので、その影響力はスローフード運動と比べると限定的である。だからこそ、両者のアプローチの補完性を強調することが重要である。

すでに述べたように、私は簡素な生活を構築する八つの再生プログラム（８Ｒ）の好循環モデルを用いて必要な変革を理論化した。例えば、速度への執着に対抗して「遅さ（**スロー**）」を、量に対して質を再評価することは脱成長の目的に適っており、食はもちろん、より一般的にはわれわれが消費するものの生産方法に影響を与える。いくつかの「政策」案の輪郭はより一層明確になるだろう。なぜならこれらの政策案は、８Ｒの好循環によって描かれる具体的なユートピアの地平の下でより良く機能する内容を、先進工業国に与えることを目的としているからだ。[10] 例えば、**諸活動の再ローカル化**と**小農民の農業の再生**がある。これらの政策案は農業政策の方向を一八〇度転換することを意味する。自己制御の回復は、過去への回帰を必ずしも意味しない。むしろそれは、例えば農学者エーレンフリート・プファイファーの革命的なアイデアを応用して、効率的で持続可能な未来を構築することを想定している。プファイファーは、人智学の創始者でありバイオダイナミック農法の理論家であるルドルフ・シュタイナーの弟子だ。端的に言えば、有機農業やバイオダイナミック農法に移行し、アグロフォレストリーやアグロエコロジーを発展させ、パーマカルチャーを推奨することが重要なのだ。

スローフード運動と連携しているイタリアの消費者アソシエーションは、「キロメトル・ゼロ（地産地消）」をスローガンに掲げているが、上述の視座においては実に理に適っている。「キロメトル・ゼロ」という定式を十数年前に提案したのは、直売農家全国同盟（Coldiretti）のシンジア・スカッフィディだ。彼女は、「消費者に地元で生産された（結果的に）旬の食材を積極的に消費してもらうために、キロメトル・ゼロという概念を応用する発想に至った」[11] と述べている。もちろん、このスローガンを文字通りに受け取り、すべての食べ物を地産地消する必要はない。輸送を省き、温室効果ガスや廃棄物を排出せず、最終的にはストレスを生まない方法で、もっとローカルでもっと旬の食べ物を消費する方向を目指すことが重要なのだ。未来は確かに、今よりも生産力至上主義的ではないがもっと「生産的な」農業に開かれている。小規模農地を耕作する小農民は、数百ヘクタールの農地を利用する在来型農家よりも生産量は少ない。しかし、生産活動における投入量、とくに化石燃料消費量は小農民の農業のほうが限りなく少量に抑えられる。誠実な研究調査はどれも、工業型農業よりもアグロエコロジーのほうが収穫量は大きくなると証明している。アグロエコロジーを賢明な手法で実践した場合、収穫量の増加は北半球の先進工業国にとって著しいものとなる（一〇％から五〇％の増加）。土壌が脆弱な赤道直下の熱帯気候の国では収穫量はさらにもっと増える（五〇％から二〇〇％の増加）。アグロエコロジーの推進には、労働力への多額の投資というコストを払わなければならない。それでも、北側諸国で大量の失業が起こり、南側諸国で不完全雇用が常態化している今日の文脈では、農業のこの必要な再転換のために推定数百万の雇用を創出することは、むしろ素晴らしいニュースだと言えるだろう。

遅さ、料理法、風味の再評価は、労働時間を必要な分だけ短縮することで推進されるだろう。労働時間の短縮は、脱成長の企ての戦略的要素の一つである。節度ある豊かさにはより少なく生産するという含意の他に、より良く生きるという意味もある。

自己の成熟のための時間を再発見し、情熱をかけて手入れした庭で育てた作物を使っておいしい料理をじっくり作ってみてはどうだろうか。余暇の増加は、良質の作物を選択し、より良く食事をするための条件だ（そしてもちろん、庭仕事、日曜大工、料理などを行なう条件でもある）。何よりも、自主生産は輸送にかかる生態学的コストを削減し、包装を少なくし、リサイクルを推進する手段となる。もちろん、以上で述べことはすべて、われわれが自律的になり、両手の指を使う力を回復することを意味する。現代人の多くは、野菜や果物を育てることはおろか、簡単な料理を日常的に考案して準備したり、子供のためにちょっとしたお菓子を作ったりすることもできなくなっている。家電製品を修理したり、生活環境を自由に改修したり、住居の断熱を行なったり、スカーフやウールのセーターを編んだりすることも、だ。日常生活の多くは専門家や販売業者の手に委ねられてしまった。彼らは、自分たちが提供するサービスを買わせる術を熟知している。われわれはもはや自分たちが生産するものを消費せず、自分たちが消費するものを生産しないのだ。

フランスのＡＭＡＰ（小農の農業を支えるアソシエーション）やイタリアの姉妹団体ＧＡＳ（連帯的購買グループ）は、もっとローカルで（キロメトル・ゼロ）もっと旬な食べ物の消費を可能にしている。[7] これらの取り組みは、食品包装の削減、より豊かでおいしい食事、保存料を使用しないより健康的な食べ物の消費を実現している。食べものの梱包、包装、冷凍化、電子レンジの利用などは、エネルギー浪費の基であるが、AMAPやGASではこれらの無駄が省かれる。不寛容で時として被虐的なヴィーガニズムのような極端な選択をしなくても、クレタ島や地中海地域の伝統食などを参考にして肉の消費を減らす食事を再発見する必要があるだろう。シンジア・スカッフィディは、脂身に関してまったく正しいことを述べている。良い脂身は素晴らしいものだ。問題は悪い脂身の濫用である。かたや、肉（特に赤身肉）の過剰な消費は癌の発達の原因となる。かたや、一キロカロリーの肉を生産するために五〜一〇キロカロリーの野菜が必要であり、世界で生産される穀物の四〇％が家畜飼料として使用されていることを知るならば、富裕な人々による（質の悪い）肉の過剰な消費は、貧し人々が飢餓に苦しむ原因のひとつとなる。[12] 食事の中身を分析すれば、もう一つの世界が可能であり、望ましいということがわかってくるのだ。

グローバルな理論からローカルな実践へ——農地から食卓へ

経済成長社会の負の影響の批判と脱成長の企ては、あらゆる成長現象を十把一絡げに問題視するようなことはしない。問題となるのは、われわれが暮らしている「経済成長を目的とする社会」である。生物学的な現象としての成長は素晴らしいことである。世間は「良心的な経済成長反対論者」がこの点を無視していると非難するが、それは脱成長に関する無知、そして多くの場合は誤解によるものだ。植物や動物は生誕、成長、発達する。生命体が有する生誕・発達・成熟・衰退・死という生物学的サイクルは、生命の再生産と同様、人類という種が生存するための条件でもある。人類は、植物と動物を内包する環境との間で物質循環を繰り返さなければならない。人間が、豊かな生活を保証してきた有機的宇宙の力を、人間の自然に対する負債と両者の相互依存性を認める象徴形式で称えたのは至極当然のことである。ところが、あらゆる人間社会が自然界の成長サイクルに畏敬の念を払っていたのに、近代西洋文明だけが成長という観念を自然界から社会的領域へと乱暴に置換し、経済成長信仰を作り上げてしまった。

資本という生産物は、巧妙な手口と商品の欺瞞、そして多くの場合は労働力の搾取の結果として生じるが、植物の生長と同一視される。経済という生き物、すなわち社会を生存させるための機構は、もはや自然と共生しなくなった。自らが崇める物神を増やさなければならないように、自然を無慈悲に搾取することで資本を際限なく増やさせなければならない。資本制経済の再生産は、利子率と経済成長率を〔自然界の〕繁殖力と回復力と同じように扱う。資本制経済のこの神格化は、消費社会の不死伝説へと到達した。経済学者たちは経済を一個の有機体として捉えた。そしてデカルト的な動物機械論に従って、合理的かつ可逆的な、すなわち滅びることのない機械装置として経済を概念化したのだ。だが社会生活は、生命の法則だけでなく、熱力学の法則、特にエントロピー法則に従う。精緻化された数学の領域のなかでは展開しない。結論として、有限の地球において際限のない経済成長は不可能である。ところで経済成長社会は、拡大成長型経済によって支配されている社会、および拡大成長型経済に吸収される傾向をもつ社会と定義されうる。〔このような社会では〕経済成長の飽くなき追求が、生活の唯一と言わないまでも最大の目標となる。生産・消費・廃棄の三重奏を無制限に繰り返す社会は生物圏の限界に直面するので、持続可能ではない。

この社会機構は、農業、小農民の生活、そして言うまでもなく食に対しても、また人々の健康に対しても、破滅的な結果をもたらす。農業に対する負の効果は甚大である。ヴァナキュラーな世界——伝統的な生存様式——の破壊によって起こりうるのは、飢餓の拡大でしかない。なぜなら生産力至上主義的な農業によって生物多様性の喪失と砂漠化の拡大が引き起こされるからだ。ヴァナキュラーな世界では、小規模家族農業が主体となって多様な作物の混合作付けを行なうので、レジリエンスが高かった。手仕事や地域に根差した小規模ビジネスと結びついた先祖代々継承されてきた知恵――生活環境に関する知識、シンプルで自立共生的な道具――のおかげで、農家はあらゆる状況(旱魃《かんばつ》、氷結、熱波、洪水)を上手く切り抜けることができた。[13] 収益性だけに関心をもつ生産力至上主義的な農業は、巨大アグリビジネスと大型量販店を裨益させるために単一栽培(モノカルチャー)、遺伝子操作、生命の特許化を推進する。かつて国連食糧農業機関(FAO)は第三世界における緑の革命に多大な期待を寄せ、飢餓の根絶が近いと人々を信じ込ませるために統計操作まで行なっていた。今ではそのような幻想を完全に捨て、有機農業だけが二〇五〇年に推定される世界人口を養うことができるだろうと認めている。インドの経済成長も、中国の経済成長も、飢餓や極貧を消滅させるには至らなかった。第一次ルラ政権の下で実現した経済成長は、ブラジルから飢餓や極貧を短期的に消滅させたけれども、代わりに自然や天然資源は破壊され、将来世代が犠牲になった。

インドでは、緑の革命は穀物生産量の増加を確かに可能にしたが、それは大規模な環境破壊と不平等の発展と引き換えだった。インドの経済学者スワミナサン・アイヤール教授はかつて緑の革命の推進者の一人だったが、後に「実際に起こったのは緑《グリーン》の革命ではなく、貪欲《グリード》の革命だった」と認めている。[14] 富裕層はますます豊かになり、貧困層はプロレタリアートに転落した。新興経済国の奇跡として今では紹介される中国の経済成長の真実も然りだ。

しばしば人々は、「だが、脱成長の場合、百億人が飢えないようにするにはどうすればよいのだ?」と反論する。農学を専門としない人にとって、有機農業こそがそれを可能にすると認めることは難しいが（誠実な専門家は、いまだにこの点について議論している）、反対に、生産力至上主義的な農業モデルでは不可能だと認めることはできる。理由は単純で、多くの土壌が破壊されるし、安価な石油が将来入手できなくなるからだ。工業的農業は化石燃料にとてつもなく依存している。今日、一キログラムの赤身の肉を食べると、六キロリットルの石油（および数十万リットルの水）が消費されることになる。農地から食卓に至る過程で、農薬、化学肥料、トラクターの原油、長距離輸送、そして言うまでもなく冷凍保存や電子レンジが使用される。これらすべてが直接的あるいは間接的に石油を利用している。生産力至上主義的な農業モデルは、生命を破壊し、土壌を劣化させ、最終的には砂漠化を進行させるなどの負の効果をもたらす。毎年、約一六〇〇万ヘクタールの土地が砂漠化している。現在まで、同等の面積の熱帯雨林を破壊することでこの損失を補填することができていた。しかし、このままのペースで進めば、数年後には大豆、パーム油、バイオ燃料を生産するために破壊すべき森林はもう存在しなくなる。漁業分野では、工業化はさらに破滅的な影響をもたらしている。天然の漁場における乱獲活動に関して言えば、資源ストックの保全を考慮しない度を超えた規模のトロール漁法によって、水産資源の破壊と海底の砂漠化が生じている。浪費の規模はとてつもない。商品にならない魚種は廃棄され、底引き網のなかで押しつぶされた魚の品質は著しく失われ、海洋生態系は破壊される。工業的な養殖に関しては、資源破壊を引き起こしている。なぜなら養殖魚は大量の魚や魚粉を餌にしているからだ。また、工業的な養殖は、抗生物質の使用や遺伝子組み換え魚種の放出によって海洋環境汚染を引き起こす。さらに赤道直下の熱帯地帯では、養殖によって海岸を守るマングローブ林やサンゴ礁が破壊されている。人間に対する影響にも注目すべきだ。例えば、職人的な小規模漁業者の生業や関連する知恵・技術の喪失、東南アジアのエビ養殖において特に目立つ、ほとんど奴隷的と言ってよい労働力の搾取など。

グローバル化した生産力至上主義的な農業モデルが食生活に与える影響は計り知れない。「生産力至上主義的な農業＋アグリビジネス＋大型ショッピングセンター＝ジャンクフード」という方程式を導き出すことができる。実際にグローバル化は、のん気で信じやすい消費者の食生活を大きく変えた。彼らは食べ物の見た目に誘惑され、あらかじめ切り分けられた季節外れの美しい果物や野菜を消費することに憧れている。だが、これら果物や野菜はしばしば不味《まず》くて有毒であり、しかも地球の反対側から運ばれてくることがある。食に対する想念の植民地化は、まさに世界の**コカ・コーラ化**／**マクドナルド化**と言えるだろう。食生活のこのような進化が健康に与える影響はとてつもない。例えば南欧諸国にはこれまで地中海的食生活が存在した。デュラム麦、少量の肉や魚とオリーブオイルで料理された（乾燥もしくは生の）野菜、そして果物を基本とするクレタ島周辺の有名な食生活のことである。栄養士の間ではとりわけ健康的なものとして認められていたこの食生活は、多国籍企業が推進する食産業——肥満・心血管系の病気・癌を引き起こす要因となるジャンクフード——が普及した結果、地中海北部沿岸では一気に、そして南部沿岸では次第に見捨てられてしまった。食習慣のこの壊滅的な変化は、経済成長社会が引き起こす消費中毒と大いに関係している。脱成長の企ては、まさにこの消費中毒からの解放を目指している。

スローフードはこの文脈において再評価される。一九八六年四月、イタリアのワイン醸造業界に一大事件が起こった。スーパーマーケットで販売されていた工業的に生産されたワインのなかにメチル・アルコールが混入されており、二十三人の消費者が死亡したのだ。イタリア産ワインの輸出量は三七％下落し、誠実な小規模生産者を苦しめた。カルロ・ペトリーニは、イタリアのなかでも最も有名なバローロ・ワインの産地であるピエモンテ州のランゲの土地に深く関わっていたが、当時はまだ食のコラムニストをパート・タイムで務めていたに過ぎなかった。しかし彼は、バローロ／バルバレスコ・ワインを守る企業コンソーシアムの会長を務めていた友人のベッペ・コラが怒りを抑えながら恥ずかしさで涙を流す姿をテレビで観たことがきっかけで、（後にスローフードと呼ばれるようになる運動のスローガンを援用するならば）「おいしい、やさしい、正しい」❖8 食のための一大ムーブメントを展開する最初の着想を得たのである。[15]

アグリビジネスは正真正銘の食品偽造を推進している。例えば、馬肉入りのラザニアが工場で生産されていた事件は大きな話題となった。このような偽装は破滅的な結果をもたらしうる。食の工業化の結果、法律家たちは二種類の**食品不正行為**を区別せざるをえなくなった。一つは、商業的な不正行為である。例えば、普通のワインにヴィンテージ・ワインのラベルを貼って販売することが挙げられるが、これはマイナーな不正行為とされる。もう一つは、健康に関わる不正行為である。ワインにメタノールを混入させるのがこれに相当するが、犯罪となりうるものだ。[16] しかし、不正行為とは別に、規制が届かない有害な活動が数多く存在する。警鐘を鳴らす者たちはそのような活動を非難しつづけているが、産業ロビー団体は禁止を阻止しようとしている。生産力至上主義的な論理に嵌り込んだために、食はあらゆるものを犠牲にして利潤追求の論理に従属してしまった。人々の健康や美食家の味覚は悪化した。

食料品は最も腐敗しやすいものであるが、ある種の計画的な廃棄に従うことになった。一九六〇年代にプラスチックの開発が進み、さまざまな包装、容器、袋の生産にプラスチック革命がもたらされ、使い捨て文化が台頭した。世間は使い捨て文化を暗黙のうちに認め、消費者は熱狂的に支持した。瓶をお店に返却すれば瓶代が戻ってくる仕組みは、資源の節約になるし環境にとっても良い結果をもたらすものであったが、時代遅れのものとなってしまった。陶器のポット、テラコッタの瓶、飲み物・ヨーグルト・ジャム・果物・野菜の漬物を保存するのに使われていた広口瓶やガラス製のボトルもそうだ。使い捨て容器の普及は、アルミ缶、ブリキ缶、ガラス瓶、木箱など、さまざまな素材で作られた容器を無用の長物にしてしまった。特に、プラスチック革命によって大規模流通システムのための食品包装が普及した。その結果、ゴミ箱に捨てられるプラスチック梱包材の量は幾何級数的に増加した。このような方法で保存される製品に有効期限を表示することが義務づけられるようになり、食料品の計画的な廃棄が始まった[17]。

有効期限と共に、耐用年数をあらかじめ決める慣行が、家電を製造する産業から食品産業に広がった。ヨーロッパでは、欧州連合の規制、共通農業政策（PAC）、大規模流通網の爆発的拡大に押されてこの新たな使い捨て文化が急速に発展した。その実態は驚くに値する。イタリア、フランス、英国、その他の欧州諸国で実施されたすべての研究は、同じ結果を示している。これらの研究によると、製造された食料品（真空パックの食肉、冷凍食品、急速冷凍食品）の約三〇～五〇％が、販売される前に商業施設で廃棄されるか、もしくは消費期限が過ぎたという理由で消費者によって家庭用ゴミ箱に捨てられているのだ。

もちろん、流通過程で廃棄される食品と消費者によって捨てられる食品を区別すべきである。消費者による食品廃棄は、それだけを見ても時として三〇％に達する。これだけの浪費が発生したのは、工業的な食料品の低価格化、大都市圏における流通網と都市的生活の発展、そしてもちろん広告のせいだ。世の中の人々は、週に一度（例えば、週末に）、車に乗って大型スーパーマーケット〔カルフールなど〕やスーパーマーケットに行く。ショッピングカートが一杯になるほど特売品を買い込み、購入した食品を冷凍庫や冷蔵庫に保存する。冷蔵／冷凍された食品は、食事のときに電子レンジで温められる。いくつかの食品は、消費期限が過ぎているとわかると、周期的にゴミ箱に捨てられる。これら一連の行為が、生産者と流通業者に巨額の利益を与えている。パトリック・ピロは「消費期限が次々と更新されるのは、健康被害を未然に防ぐという意識からではなく、ビジネスが望む廃用リズムを維持するために行なわれているのだ」と述べている。[18]

販売者による食品廃棄の割合も三〇%に達するが、まったく別の論理に従っている。食品廃棄は生産者にとって都合が良いが、流通業者にとっては明らかにコストがかかる。流通業者は、不正行為を行なう――熱心な検査官が証明した不正はメディアでこれまで大きな話題となってきた――か、コストを生産者に負担させるかして不利にならないようにする。生産者側を買い叩き、最も立場の弱い者たちを破産させるか時には自殺に追い込むのが、大型量販店の購買センターの常套手段だ。損害と損失を抑えるために、消費期限切れ間近の食品を低価格で、もしくは最悪の場合ヒューマニズムの善意を装って、慈善団体（例えば、フード・バンク、心のレストラン、❖9 貧者の修道女❖10）に流通させるという試みがある。イタリアの研究仲間でエンジニアであるアンドレア・セグレは、慈善団体やオルタナティブ・レストランによってすぐに利用できるよう、食品を回収するネットワークを組織した。「タイムリミット間近のマーケット（Last Minute Market）」という名のこのネットワークは、成功を収めた。[19] このイニシアチブは称賛に値するけれども、大量の食品廃棄はなくならなかった。なんとなれば、浪費は構造的な問題だからだ。フランスの場合、状況はもっとひどい。フード・バンクが回収する食品の量は、毎年廃棄される一八〇〇万トン以上の食品のなかの八万七〇〇〇トンしかない。[20] オーストリアの映画監督アーヴィン・ヴァーゲンホーファーのドキュメンタリー映画『ありあまるごちそう（We Feed the World）』（二〇〇七）を観た人は、オーストリアのウィーンのスーパーマーケットで残った大量のパンが、消費期限から二日後に廃棄される場面を思い出すだろう。毎日捨てられるこの大量のパンは二〇〇万キログラムに及ぶ。これは、オーストリア第二の都市グラーツの人口を食わすに十分な量である。フランスでは毎日平均五万トン、世界全体では三億トンの食品廃棄物が出る。この統計のなかには収穫されなかった三〇％の果物と野菜は含まれていない。なぜならこれらは大型量販店の購買センターの与《あずか》り知るところではないからだ。このため、カルロ・ペトリーニが述べるように、世界で生産される食べ物の三〇〜五〇％、すなわち毎年一二億〜二〇億トンの食糧が、人間の胃袋に決して届くことはないのだ。[21]

肥満、コレステロール、糖尿病、癌、ストレス……このフード・システムの健康に対する影響が悲劇的であることは、いくら語ったとしても十分ではないだろう。世界には八億四五〇〇万人が飢餓に苦しみ、六億人が肥満病を患っている。これら二つの統計を付き合わせると、経済成長社会のあらゆる不条理が食品産業の分野にまで及んでいることがわかる。

ヒポクラテスは「汝の食が薬にもなること！」と言った。中世のサレルノ医学校はこの教えを守った。十二世紀に書かれヨーロッパ全土に普及したかの有名な「サレルノ医学校の健康食（regimen sanitatis salerni）」は、さまざまな病に対応し健康維持に役立つ季節に合った献立を処方している。[22] ただし、フランス語の「ファルマシー（pharmacie）」（薬）の語源であるギリシア語の「パルマコン（pharmacon）」には薬と毒の二重の意味があることに留意されたい。現代の食は、アグロインダストリーによって生産され、スーパーマーケットで販売され、ファストフード産業のなかで消費される。このような食は薬よりもむしろ毒となることが多い。近代に入り西洋人は、母なる大地や動植物の姉妹種との暗黙の契約を裏切った。ヒトという種と有機的宇宙《コスモス》との間に存在していた友愛や以心伝心は崩れ、自然の略奪と道具化と搾取に置き換えられた。マックス・ウェーバーが指摘する「世界の脱魔術化」が起こったため、われわれは〈聖なるもの〉を感得しなくなった。そしてまた、食べ物がもつ聖餐としての性質も失った。その結果、自然は報復し、われわれの健康を蝕《むしば》む。ペトリーニが強調するように、工業的な食に含まれる毒を回避するために、われわれは食べ物のもつ聖性の意味を再発見すべきだ。食べ物の聖性は、例えばキリストの肉と血とされる聖体のパンとワイン、キリスト教徒の象徴である魚、アニョー・パスカル〔復活祭のお菓子で、子羊を模したケーキのこと〕に言及するなど、宗教的な方法によって理解することが可能だ。また、食べ物を自然界〔ジェイムス・ラヴロックの言う〈ガイア〉、南米先住民の言う〈パチャママ〉〕の贈り物として受け取るなど、異教的《パイエン》でアニミズム的な方法もある。だが、もっと単純に、完全に世俗的な方法で理解することもできる。そのとき、「汝の食べ物が汝の秘蹟となりますように!」という章句を、必要とされる革命の統合的スローガンとして採用することが可能となるだろう。

スローフード運動と脱成長は、対立しないとはいえ、異なる企てである。しかし、両者は相互に補完的な役割を果たすことが、これまでの議論を通じてわかるだろう。スローフード運動は具体的な中身をともなうパラダイム・チェンジをもたらしている。その影響は活動の初期段階では限定的ではあったが。そして生産力至上主義的な体制を非暴力的な方法で転覆することを可能にしている。かたや脱成長は、これまでとはまったく異なる社会を構想するための厳密な理論的枠組みを提供する。すでに述べた通り、スローフード運動は脱成長の企てとは比べものにならないほど多くの市民の意識を変えた。そうであるならば、〔脱成長の企てのように〕節度ある豊かな社会を構築する道に意味を与える試みは、スローフードの企てをより強靭で筋の通った、厳密な内容にしていくことに貢献しうる。特に脱成長は、スローフード運動を体制側に取り込む権謀術策や本来の目的から逸脱させる脅威を回避することに貢献しうる。遺伝子組み換え作物に抵抗する闘いであれ、強制された不必要な労働に対する闘いであれ、社会変革を目指す行動には戦術的な妥協《コンプロミ》がつきものである。そして戦術的な妥協は、グローバルな消費社会を動かす諸力（大型ショッピングセンター、巨大製薬会社、談合的な組合運動など）との良心に反する妥協《コンプロミッシオン》を強いられるリスクに常に脅かされている。複雑きわまる世界では、最善はいつでもどこでも最悪に転じうる。再ローカル化は必要だが、排外主義的なローカリズムへと逸脱する可能性がある。世界に開かれていることはまた同様に必要であるが、いとも簡単に西洋中心主義的なグローバル化の罠に陥る可能性がある。『食と自由』でカルロ・ペトリーニは、われわれが回避すべきあらゆる誘惑と罠を失敗させる技法を豊かな証言と共に教えてくれる。また同時に、闘い続けなければならない理由も教えてくれている。

第5章　脱成長と肥満

「人間の健康は、地球の健康を映す鏡である。」

ヘラクレイトス[1]

通常、経済学者が肥満について語ることはない。哲学者、社会学者、人類学者、政治学者でさえも、そのような傾向が少しある。事実、肥満という言葉は、私の過去の著作ではきわめて稀にしか登場しなかった。脱成長に関する初期の本で私は、肥満という言葉に三度言及しただけだ。しかも三度目に関しては、ほとんどメタファーとして用いたに過ぎない。そうすることで、経済成長社会批判という問題系において肥満という現象がイメージさせるものを「象徴的に」示そうとしたのだ。肥満は、ストレスや癌と同様に、生産力至上主義――特に工業的な食生活――に関連する社会的病理となった。

肥満は経済成長社会のさまざまな問題を示す兆候の一つであり、環境汚染と同じくらい重大なのだが、〔経済成長社会の〕エコロジー的批判とめったに結びつくことはない。

私が肥満に最初に言及したのは『脱成長の賭け』においてだったが、その方法は非常に挿話的だった。**豊かさの裏切り**の一例として、ジャン＝ポール・ベッセの文章を引用しながら、他のさまざまな病理のなかの一つとして肥満に言及したのだった。拙文を引用しよう。「勝者に約束される幸福は、ストレス、不眠症、心身症、あらゆる種類の病気（癌、呼吸器疾患、さまざまなアレルギー症、肥満、肝硬変、糖尿病）をともなう異常な消費の蓄積として現われる。ジャン＝ポール・ベッセは、〈経済成長が社会の全域に浸透するにつれて、個人の病気は増加する。例えば、抑うつ状態、慢性疲労症候群、自殺未遂、精神障害、認知症、抑留、抗うつ薬・精神安定剤・睡眠薬・抗精神病薬・覚せい剤の使用、あらゆる種類の依存症、欠勤や不登校、不安、リスクテイキングなど〉と述べている」[2]。

肥満という言葉を次に使用したのは、『穏やかな脱成長についての小論』においてだ。同書では私は次のように書いた。「ウディ・アレンによると、この世には〈われわれはどこから来たのか？　どこに行くのか？　今夜は何を食べるのか？〉という三つの根本的な問いがある。人類の三分の二にとって三番目の問いは最も重要であるが、過剰消費に浸って暮らす先進国のわれわれにとっては、もはや心配事ではなくなっている。われわれは肉や脂肪、砂糖や塩を摂取しすぎており、むしろ太り過ぎて糖尿病や肝硬変、コレステロールや肥満病のリスクを抱えている。われわれの健康を改善するにはダイエットが必要だ」。この文章の肥満病に言及した個所には、ドミニク・ベルポム教授――癌研究者で「パリ宣言」の呼びかけ人、癌に関する委員会の責任者であり、『これらの病気は人間によって引き起こされた』という重要な本の著者である――の文献を引用して、「米国民の六〇％、ヨーロッパの三〇％、フランスの子供の二〇％が肥満病のリスクを抱えている」と脚註を付けた。[3]

三度目は『消費社会から抜け出すために』において、現代的な危機に関連づけて肥満に言及した。「特に、自ら選ぶ脱成長は、無理強いされる脱成長とは違う。脱成長社会を構築する企てはマイナス成長とはまったく異なるものだ。前者は、過剰消費によって肥満病の危険に陥ったとき、健康改善のために自らの意志で行なわれる節食療法（ダイエット）に似ている。後者は、飢饉などによって無理強いされた、死に至る可能性のある節食である」。[4]

最初の二つのケースでは、肥満は経済成長によって引き起こされる健康リスクの一例として語られている。基本的に肥満はジャンクフードに関連づけられている。三番目のケースでは、肥満は、「もっと多く」という価値への依存症である消費主義の象徴として描かれている。「良心的な経済成長反対論者」にとって、肥満は何よりも消費社会の食生活モデルに起因するものである。だが、より大きな意味では、肥満は経済成長社会によって引き起こされる消費依存の一環として捉えられるのだ。脱成長の企ては、まさにこの消費依存からの解放を目標に掲げている。

ジャンクフードと肥満

肥満は、経済成長主義的な社会が支える生活様式の全体と無関係ではない。オフィス（工場を含む）では受動的な座り仕事が増えて肉体労働が減り、都市生活における移動は自動車や機械化された交通手段が増えて人々は歩かなくなった。近年ではジョギングや自転車その他の二輪車（多くの場合、電動式である）が流行しているが、身体的な活動の減少を補うには不十分である。しかし、すでに述べたが、グローバル化によって加速化する**コカ・コーラ化／マクドナルド化**のような近年の段階において、肥満という現象は、消費社会の食生活を直接的に問う契機を与える。もちろん、このような食生活は理に適っていないし、必要でもない。だが、多くの人々は、アグリビジネスや大型量販店の要請に順応するように操作されてきた。ハウス栽培の野菜や果物、輸送を容易にし、なおかつ長期保存するために、選別され、さらには遺伝子を組み換えられた作物が生産された。その結果、作物の多様性が大幅に失われた。

工業生産された食べ物や甘味料で味つけされた炭酸飲料は、肥満と糖尿病の大きな要因でもある。これらの生活習慣病は富裕国では問題となっている。そしてまだ局所的ではあるとはいえ、いわゆる発展途上国にも浸透している。例えば、太平洋の島国であるナウル共和国はその戯画的な例と言えるだろう。同国は、リン酸塩を輸出する代わりに工業生産されたフルーツジュースと大型車両を輸入して自滅の道を辿っている。ポップコーン、コカ・コーラ、その他の炭酸飲料の中毒症となった国民は、同国唯一のアスファルト製の高速道路を米国産の自動車に乗って何度も何度も移動する。同国の場合、そしてまた程度の差はあるが他のあらゆる国でも、千年来続く代謝に基礎づけられたバランスの取れた食生活（南欧諸国の場合、クレタ島や地中海の伝統食が良い例である）から、糖分、脂質、塩分、合成分子が大量に含まれる工業的な食生活に移ってしまった。例えば、〔ダノン社の〕アクティビアヨーグルトやアクティメルヨーグルトは「活動的な善玉菌」（ダノン社の説）であるプロバイオティクスが入っており、「健康に良い」とされている。だが、マルセイユのラ・ティモンヌ病院バクテリア学／ウイルス学研究室所長のディディエ・

ラウルが科学誌『ネイチャー・レビューズ・マイクロバイオロジー』（二〇〇九年九月）に発表した研究調査によると、実際には肥満を促進する要因となる可能性があるという。

工業的畜産で育てられる家畜――豚や鶏――を肥らせるためにこれと同じ化合分子が与えられることを思い出すならば、驚くに値することではない。[5] ファストフード産業はこのモデルの象徴となった。イヴ・コシェはファストフード産業モデルを次のような方程式で説明する。「低賃金で働く生産者＋安価な燃料＋安価な輸送コスト＋外国人プロレタリアートの雇用＋環境・健康に対する目に見えない影響＝プレッシャーにあえぐ西洋型消費者にとっての安価で〈現代的な〉食生活」[6]。「良心的な経済成長反対論者」だけでなく、オルタ・グローバリストやスローフードも、これらのすべてに抗って闘争している。だが、一部の消費者は無関心だし、アグリビジネスのロビー圧力は強力であり、公権力は二枚舌を使う。大規模なファストフード化を目の前にして採用される対案は、問題解決には程遠い。なんとなれば、生産力至上主義的／消費主義的モデルの論理の影響は、あまりにも強固であるからだ。

消費主義という依存症

われわれは経済成長中毒になっている。隠喩《メタファー》はひとつだけではない。さまざまな形の隠喩がある。スーパーマーケット中毒や百貨店中毒にかかった人の旺盛な消費欲には**仕事中毒症**(ワーカホリズム)という隠喩が符合する。管理職の仕事中毒は、場合によって、抗うつ剤の過剰摂取によって促進される。英国民へのアンケート調査によると、出世を望む上級管理職はコカインを摂取してまで仕事中毒になるという。「ターボ消費者」である現代人の過剰消費行為は、傷だらけの幸福、もしくは逆説的な幸福にたどり着く。そのような幸福は生きる歓びを生みはしない。[7] 人間がこれほどまでに見捨《デレリクシオン》てられたことはかつてなかった。孤独を癒そうとする虚しい試みとして、「癒し」を商品化して販売する産業が発展し、この新たな隙間市場に参入した。[8] この分野において、われわれフランス人には残念なデータがある。二〇〇五年にフランス国民は四一〇〇万箱の抗うつ剤を購入したのである。[9] 「これら人間が作り出した病」の詳細に触れずとも、「経済成長は人類の癌となった」[10] というベルポム教授の診断に賛成せずにはおれない。かくして、医療サービスと医薬品の消費は異常なほどに跳ね上がり、障がい者(子供と成人)や人工透析を必要とする患者に十分なケアを提供するための社会保障予算を組めなくなっている。実際に後期近代における医療政策は、その怪物的規模のために手に負えない代物となっている。まっとうな考えの持ち主であれば、先端技術に投資する前に、これらの問題に対して納得できる社会的解決を見つけるほうが道理に適うと思うのではないだろうか。癌を増やすより汚染と闘うことをまず選択し、その後で多額の費用をかけて新しいケア施設を建設するほうが理に適っていないだろうか。また、退職年齢を引き上げるために寿命の伸びをあてにしている矢先に、平均寿命が低下しはじめたことを考えてみるとよい。健康な状態で寿命が伸びるのなら異論の余地はない。ここでもまた、これらの苦痛極まる変化に対抗する闘争にとって、産業ロビー団体の権力が立ちはだかる。その典型的事例はセルヴィエ研究所事件❖1である。これは、腐敗したとは言えないにせよモラルを失った専門家の手を借りて、大規模実験の犯罪が国の規制担当局の罪深い陰謀と結託して起こった事件だった。

脱成長運動がもたらす闘争は、消費社会体制に一時的な歯止めをかける以上のことを目指す。もっとも、闘争の初期段階では歯止めをかける行動も必要なのだが。「良心的な経済成長反対論者」は、悪の根源である経済成長社会を攻撃し、地球の限界と調和する社会、すなわち主体的に選んだ簡素な社会の構築という根本的な対案を提案する。脱成長の企てには、社会体制全体の「脱グローバル化」ならびに生産力至上主義的な農業との決別が含まれる。本書の第4章で述べた――拙著『穏やかな脱成長についての小論』第三部でも提示した――「政策」案の三番目と四番目は、この点に関して明確である。これらの政策案は、８Rの好循環が描く具体的なユートピアの意味の地平に、先進国にとってより効果のある内容を与えることを狙っている。この政策案の三番目と四番目は、**諸活動の再ローカル化**と**小農の農業の再生**を提案している。利潤しか考えない生産力至上主義的な農業は、巨大アグリビジネスを裨益するために単一栽培、遺伝子操作、生命の特許化を推進している。その結果起こったことは何か。ＦＡＯによると、農業用地の遺伝子多様性の約四分の三が二十世紀の間に喪失した。したがって食の分野では、可能な限り地域に根差した、季節に合った、自然で伝統的な食糧生産を推奨すべきである。この目標は大規模流通網と広告に抗う闘争を通じて実現されなければならない。

　現行の生産力至上主義的で労働中心的な経済体制から脱却するためには、工業的農業から小農による農業への転換が必要である。後者は多くの雇用を創出し、近郊《プロキシミテ》の市場を志向する。ＡＭＡＰ（小農による農業を支えるアソシエーション）は、都市郊外において連帯的かつコミュニティ規模の農業を根づかせることに成功した。ＡＭＡＰの活動によって、工業化した農業の誘惑を逃れた若者たちは都市郊外に定住し、農業の雇用の維持、さらには雇用の奪還に成功した。しかし、この変革は必要であるにもかかわらず、ほとんど認知されていない。その利害は甚大だ。企業のロビー活動は、国家の加担、また多くの場合、多国籍企業から研究助成を受ける御用学者の加担を常にあてにしている。利益追求のあまり、科学者たちによる多くの警鐘（アスベスト、アフラトキシン、フィプロニル、イミダクロプリド、ヘパリン、電磁場、ダイオキシン、内分泌かく乱物質、ダイオキシン、環境ホルモン）が政府当局によってもみ消され、関連研究所の予算が削減され、さらには（雇用を「守る」ために時には労働組合が加担して）責任ある科学者の免職が行なわれたことを思い出すとよい。クエノ医院の心臓病専門医マルコ・ボッビオは、「わたしは、完全な自主独立と自由の名の下に医療を施すことを誓います」というヒポクラテスの誓いの冒頭をタイトルに使ったその素晴らしい本で、人々の健康に好ましくないこれらの利害対立の多くの事例を記録している[11]。

このように、日に日に大きくなる肥満病の害悪は、経済成長社会の数多ある病理の一つである。だが、その害悪が特に目に見えやすいため、肥満の分析は、生産力至上主義／消費主義的な社会から脱却する必要性について世論を喚起する手段にもなりうる。また少なくとも、スローフード運動が推奨するように、まっとうな食を求めて闘争する必要性について世論を喚起する手段にもなりうる。したがってそれは、節度ある豊かな社会を構築するための布石となりうるのだ。

第6章　余り物に対処する技術——廃棄物問題を考える[1]

一九七〇年代、私はエコロジーの問題にまだ関心を持っていなかった。しかし、当時のフランス環境大臣の委託で固形廃棄物問題について研究調査を行なうことになった。[2]私が代表を務めたリール大学の小さな研究グループは、〔廃棄物に関する〕表象の重要性というわれわれの仮説を具体的事例で検証し、コルネリウス・カストリアディスの哲学的議論に具体的に接近しようとしたのだった。[3]当時、われわれはエコロジー的課題の重要性について本当の意味で気づいてはいなかった。ローマクラブの最初の報告書『成長の限界』は刊行されたばかりだった。国連人間環境会議（ストックホルム、一九七二年）は、確かにエコロジーについて大きな関心を喚起した。しかし、エコロジー問題に関する世の中の意識はまだきわめて限定的なものに留まっていた。そのため、われわれは、地球規模のエコロジー危機を深く問うことなく、廃棄物問題（分別、リサイクル）に関心を持つことができていた。当時のわれわれは、生産の「表側」——つまりは市場社会の論理——を審問せずとも、固形廃棄物（家庭ゴミ、産業廃棄物）の表象を研究調査することで、「生産活動の裏側」を管理する良い政策を政策決定に携わる者たちに提案できるとナイーブに信じていた。経済主体たる消費者と企業の行動を「良い方向に」転換すればよいという発想である。

今日、この研究調査が少しだけ貢献した仏政府の廃棄物処理政策の結果を査定するならば、大成功であると同時に大失敗だったと言える。この政策が成功だと言えるのは、消費者が市民として行動するようになり、ゴミの分別がいたるところで実践されるようになったからだ。また、企業の側は依然として収益が見込める場合しか協力しないとはいえ、サーキュラー・エコノミーの流行でリサイクル事業はかつてないほど活性化している。他方で失敗だと言えるのは、世界がかつてないほど巨大なゴミ捨て場となり、今まで以上に怪物的な性質の汚染によって人類が絶滅の脅威に晒されるに至ってしまったからである。

生産物を過剰に浪費し、消費のペースが加速化したため、廃棄物の量は手に負えないほど増加した。それなのに消費と生産はこれからも減りそうにはない。ナポリのゴミ問題は新聞時評を騒がせたが、あらゆる国が王《ファラオ》のように君臨するゴミ問題に直面している。焼却施設の建設はコストがかかるし、最善の場合でも多くの汚染を引き起こす。そのような対案に頼るのは非合理的である。なぜなら焼却施設は、〔廃棄物のなかに〕潜在的に存在する貴重な資源ともいえる生産物を破壊するため、エネルギー・リターンは非常に低くなるからだ。電気製品や電子機器などの廃棄物の増加は本当に厄介である。携帯電話は平均一八か月の使用でゴミ箱に捨てられるし、パソコンやプリンターは計画的にモデルチェンジがなされて廃棄処分される。これらの電子機器はゴミの山となるが、そのなかにはヒ素、アンチモン、ベリリウム、カドミウム、鉛、ニッケル、亜鉛など、生物にとって有害な物質が大量に含有されている。廃棄された電子機器を燃やせば、ダイオキシン、フラン、その他の汚染物質が大気中に排出される。

　二〇〇二年に米国では、一億三〇〇〇万台以上の使用可能な携帯電話が廃棄処分された。物事の流れは変わりそうにない。なんとなれば、大多数の人々にとって、携帯電話を一台しか持たないのは、靴を一足しか持たないのと同じくらい時代遅れに思えるからだ。[4] われわれは手に負えない量の電子機器のゴミの山の前で立ち往生している。

いかなる長期的な整備策も、この廃棄物の山を解決できないだろう。産業製品の計画的廃用の歴史を専門的に研究しているジル・スレイドを信用するならば、米国が現在のペースで電子機器とその廃棄物を同時に輸出し続けることを許容できる分だけのコンテナを全世界が生産することは不可能だ。[5] 古代ギリシアのシシュフォスの神話やダナイデスの樽の神話は、この状況を的確に把握するためのイメージを与えてくれる。われわれのあらゆる努力は、生産の継続的な増加、言い換えると廃棄物の増加によって無に帰すのである。世界銀行は二〇五〇年までに世界全体の廃棄物の量が七〇％増加すると予測している。われわれのほうには常により大きな負荷がかかっている。この逆説的状況を理解するには、悪の分析にとどまるのでも、その兆候のみを扱うのでもなく、悪の原因を診断しなければならない。

余り物の人類学から産業汚染へ

一九七〇年代の私は、各文化の穢れ《けが》――純・不純、あるいは余剰と不要物――に対する関係の分析を通じて、ゴミの人類学的研究に心血を注いでいた。当時の私は、前近代社会における「余り物」と資本主義経済および消費社会が生み出す汚染との間に根本的な違いがあることにはっきりとは気づいていなかった。しかし、エコロジー懐疑論者だったジャン・ボードリヤールは、次のように述べていた。「われわれの暮らす豊かな社会における浪費《ガスピラージュ》は、欠乏を味わうあらゆる社会が祝祭や供犠の場で実践した破壊的放蕩《プロディガリテ》とはまったく異なる。前者は経済システムに組み込まれた公害であり、集団的価値を生産しない「機能的な」浪費である。後者は余剰による浪費であり、そこでは財の破壊が集団の象徴的価値の源泉となる。流行遅れの自動車をスクラップしたり、蒸気機関車でコーヒー豆を燃やしたりするのは、祝祭とは何の関係もない行為だ。それらは戦略的目的に沿った、体系化された意図的な破壊行為である」[6]。そして「個人的・集団的浪費には、蕩尽《デパンス》のような象徴行為、祝祭の儀礼、高揚した社会化の形態などがある。そのような個人的／集団的浪費と、われわれの社会における陰気で官僚的なまがい物の浪費《カリカチュア》を区別しなければならない。われわれの社会では無駄な消費が日常の義務と化し、間接税のようなあまり意識されない強制的な制度となり、経済秩序の制約に冷淡に組み込まれている」[7]。消費すべき財と捨てるべきものに対する行動原理を説明するのに、例えば、純粋なものと不純なもの、清潔と不潔、健康と病、価値あるものと軽蔑すべきものに関して個人が作り出す表象が果たす役割は重要である。だがそれ以上に、経済成長の想念によって構造化された社会全体の機能の仕方が、汚染問題の大きさを理解するためには決定的な役割を果たす。

一九七〇年代の人々は、ジャン・ボードリヤール（そして私もだが）と同じく、消費社会の急進的批判者でありながら**エコロジー懐疑論者**であり続けることができた。そのような態度は、今日ではもう不可能だ。〔エコロジー危機に関する〕あまりにも多くの声が現われている。われわれはもう無知ではいられない。レイチェル・カーソンの『沈黙の春』（一九六二）以降、数多くの研究が加速度的に出版されている。経済成長の際限ない追求が地球の「基礎条件」と相容れないことはいまや周知の事実である。[8] この良識的な診断は、各方面から（ほぼ）毎日やってくる驚愕の新事実によって確証されてきた。このようにして、一九九一年のウィングスプレッド宣言、[9] 二〇〇三年のパリ宣言、[10] 国連ミレニアム環境評価報告書[11] に続き、気候変動に関する政府間パネル（ＩＰＣＣ）の報告書が四年に一度のペースで刊行された。ＩＰＣＣ報告書の内容はいつもよくまとめられており、〔未来に対して〕より警告的なスタンスを採用している。専門ＮＧＯ（ＷＷＦ、グリーンピース、フレンズ・オブ・ジ・アース、ワールドウォッチ研究所）の報告書、ペンタゴンの準機密文書、ビルダーバーグ財団の機密文書、英国政府のスターン報告書は言うまでもない。そしてヨハネスブルグ・サミット（二〇〇二）におけるシラク元仏大統領の演説、二〇〇七年仏大統領選での ニコラ・ユロの演説、米元副大統領アル・ゴアとその映画『不都合な真実』なども。

これらの報告書の多くが伝える「賢明な破局主義」は、哲学者ジャン＝ピエール・デュピュイの分析に通じる。彼が強調するように、真の問題は「われわれが未来、特に破局的な未来に対して十分な現実の重みを与えるに至っていない点にある」[12]。彼はさらに続ける。「破局と言うものが恐ろしいのは次の点にある。すなわち、われわれは破局が起こることを知るだけの道理があるにもかかわらず、そのことを信じられないのだ。だがそれだけではない。破局は一度起きてしまえば、まるでそれが事物の通常の秩序であるかのように見えてしまうのである。破局はそれが現実のものとなる前には、起こりうるものとは思われないのだ。このような破局は、他の形式のプロセスをとることなく――哲学者の隠語を使えば――世界の「存在論的動産」のなかに統合される。[…]現在時に適用される倫理的思慮の定義にとって大きな妨げとなっているのは、この破局の時間の自然発生的な形而上学である」[13]。そして彼は続ける。「別様に言えば、われわれを救う機会を握っているものそのものがわれわれを脅かしているのである」[14]。マスメディアの流行がエコロジー危機否認論から崩壊学❖1へと移ったのは、このような背景からだ。そして脱成長が推奨するようなシステム・チェンジに関する議論は隘路に陥った。二〇〇一年に脱成長運動が台頭したとき、メディア評論家の多くはこの運動をユートピア思想だとこき下ろした。彼らにしてみれば、脱成長は不必要に警告的で馬鹿げた思想だ。脱成長は喫緊の課題とは見なされていなかった。〔崩壊学が流行する〕二〇年後、脱成長は相変わらずユートピア思想だと思われている。だが、今ではもはや脱成長を夢見るのは手遅れだというのだ。なぜなら、文明崩壊による景気後退が進行中だからだ。したがって、〔評論家によると〕脱成長はいつまでたっても喫緊の課題ではないのだ。二〇年前に言われていたのは、文明崩壊は幻想であり、何も手を打つ必要はないということだった。今ではもはや手を打つ術はないと言われている……。

廃棄物の侵入とリサイクルの限界

したがって、物事の根源まで遡ることによってのみ、廃棄物の現代的問題を理解し、解決策を構想することが可能となる。このような状況に陥った最大の原因は、われわれが消費社会に暮らしているからだ。消費社会とは、前章までで定義・分析したような経済成長主義的な社会の到達点である。特にその帰結として、ゴミの生産が際限なく行なわれ、廃棄物が無制限に排出され、汚染（大気、土地、水）も際限なく増加した。新たなニーズを無限に創出することで生産・消費を際限なく増やせば、汚染と廃棄物は増加し、地球生態系の破壊は進む一方だ。ゴールデンタイムのテレビ番組やラジオ番組では語られない話だ。経済学者のベルナール・マリが的確に述べていることだが、「セールスマンと広告業者のあらゆる活動は、製品で飽和状態の世界のなかでニーズを新たに創出することを使命としている。そのためには製品のモデルチェンジと消費の速度を加速させなければならない。したがって、加速度的に廃棄物を製造し、より多くの廃棄物を処理することが要求される」[15]。これこそが体制の冷酷な掟だ。消費社会がその悪魔のロンドを踊り続けるために必要な三つの要素がある。それは、広告、クレジット〔信用販売制度〕(特に消費における)、計画的廃用だ。広告は消費欲を創出し、クレジットは消費の手段を与え、計画的廃用はニーズを更新する。経済成長社会のこれら三つの柱は、生態系に関しては正真正銘の「犯罪の源」であり、生態系破壊を加速化させる。『プリンターズ・インク』という専門誌には「工場が工業製品を生産するのと同じように、広告は消費者を大量生産しなければならない」[16]と書かれてある。米国の最大手企業の経営責任者に対して実施したアンケート調査によると、広告キャンペーンがなくては新商品の販売は不可能だと回答した経営責任者は九〇%にのぼる[17]。一方で、マネーとクレジットの利用はこの状況を補完する。これらは所得が足りない人々に消費させ、必要な資本をもたない起業家に投資ができるようにするからだ。金融危機が起こってもクレジットはなくならない。二〇〇八年の金融危機の際、ゼネラル・フード社の経営者はこう宣言した。「住宅であろうが、車であろうが、冷蔵庫であろうが、芝刈り機であろうが、服であろうが、旅行であろうが、今日、顧客は自分の欲望がただちに実現することを望んでいます。顧客は将来の収入をあてにしてそれらの商品を買うでしょう[18]」。

計画的廃用によって、経済成長社会は消費主義の絶対的な武器を手に入れた。われわれは広告に抵抗し、クレジットの利用をできたとしても、製品の技術的衰弱の前には無力である。電気スタンドから眼鏡まで、われわれの身体を補助するために不可欠であるこれらの器具・機器は、短期間で部品の一部が壊れ、使い物にならなくなる。部品を交換したり修理屋を見つけたりするのは不可能だ。修理代は、東南アジアの工場で破格の値段で製造された新製品を再購入するよりも高くつくだろう。このようにしてテレビ、冷蔵庫、洗濯機、ＤＶＤプレイヤー、携帯電話に加えて大量のパソコンが廃棄される。これらはみな、さまざまな汚染リスクをもたらす。バーゼル条約に違反して、毎年一五〇〇万台のコンピュータが第三世界の廃棄物回収センターに輸送される(毎月五〇〇隻の貨物船がナイジェリアとガーナに到着する！)。これらの廃棄物には有害な金属(水銀、ニッケル、カドミウム、ヒ素、鉛)が含まれているのに、公衆衛生規範をまったく遵守しない行為である[19]。

コシマ・ダノリッツァー監督の素晴らしい映画『捨てるために買う（Kaufen für die Müllhalde）』[20]では、ガーナ最大の不法投棄場が特集されている（ナイジェリアや他のアフリカ諸国でも同様の不法投棄が行なわれている）。そこには使用不能となったパソコンの山が積み上がっている。不法投棄されるパソコンは、同国に合法的に輸出される中古パソコンのコンテナのなかに隠されており、税関の検閲を潜り抜けた。映画では、子どもたちが産業廃棄物の残骸のなかで作業をする様子が映されている。彼らは焼却中の廃棄物から発せられる有毒な煙を吸っている。コルタン（コロンバイト-タンタライト）またはタンタルなどの貴金属やレアメタル部品を回収しようとしているのだ。多国籍企業による子どもたちの不法搾取はアフリカに混乱をもたらしている。

したがって、あらゆる一次資源と同様、これらレアメタルの使用も節約し、その回収を体系的に行なうべきである。これこそが、有名な化学者であり産業生態学の理論家であるマイケル・ブラウンガルト教授が掲げる目標だ。前述の映画のなかで教授は、そのような対案を要求している。ブラウンガルト教授によると、重視すべきは「良心的な経済成長反対論者」が推奨するような消費の抑制と廃棄物の削減ではなく、生産と消費を自然界の物質循環に従う好循環のなかに埋め込むことだ。言い換えるならば、サーキュラー・エコノミーの発明である。つきつめれば、自然はゴミを生まない。自然はあらゆるものを循環させる。それでも自然は倹約などしない！　工業製品のエコロジカルなデザインを体系化し、製造過程においてリサイクル可能な素材だけを導入しなければならない。つまり、生分解性の毒性のない素材を。まさにグリーン・ケミストリーの勝利だ。例えば、ジャガイモなどのでんぷん質から作られた生分解性プラスチックがそうだ。特に、ある企業で排出された廃棄物は、別の企業の「養分〔生産要素〕」として利用可能でなければならない[21]。

これは、社会経済システムの産業代謝《インダストリアル・メタボリズム》に関する研究に基づく構想である。この構想の下では、生態工学（エコロジカル・エンジニアリング）の貢献によって実現可能となる四つの目標が企業に課されることになる。❶エネルギーおよび一次資源利用の最適化（厳密な意味でのエコ効率性の実現）。❷汚染物質排出量の最小化、ならびに生産システム内部で循環するマテリアル・フローのリサイクル（広義のエコ効率性の実現）。❸経済活動の脱物質化。❹気候変動対策として、特に化石燃料など、再生不可能なエネルギー資源に対する依存の削減。

よく紹介されるのは、デンマークのカルンボー工業地帯の事例だ。サーキュラー・エコノミー学派によると、同工業地帯は「生態系工業モデル」の成功例の一つと見なされる。この工業地帯では、さまざまな企業が生み出した二次製品や廃棄物は、別の工場での生産のための一次資源として利用される。食糞性の昆虫のように、自然界の生態系には他の生物種の排泄物や死骸を食べる分解者が存在するが、カルンボー工業地帯はちょうどその分解者のイメージに似ている。[22] 製油所は火力発電所の廃熱を使用し、石油精製過程で抽出された硫黄を化学工場に販売する。この製油所は硫酸カルシウムを壁板生産者にも供給する。かたや火力発電所の有り余る蒸気は魚の養殖や住宅用温室に利用される。その結果、資源の節約と最終廃棄物の大幅な削減が達成される。もちろん、このすべての過程で市場原理が最大限尊重され、経済成長は審問されない。

このサクセス・ストーリーはとても魅力的だ。われわれはこの「ウィン‐ウィン」ゲーム――経済学者はそう形容する――を前に喜びを抑えられないだろう。企業がこの種の戦略を自発的に実施することは時として起こりうる。だが、たとえそうだとしても、この戦略は一般化できるだろうか？　資源収奪、消費主義的な浪費、廃棄物の大量生産に基づく資本主義経済は、徳の高いサーキュラー・エコノミーに〔自発的に〕転換するだろうか？　エコロジカル・トランジション政策に取り組む自由主義志向の政府は、その可能性をちらつかせているが。

このシナリオを疑ういくつもの理由がある。この方向を目指すあらゆる規制を阻止するために産業ロビー団体が躍起になっているのを確認するだけで十分だろう。結局、

「環境市場の見えざる手」を語るのは確実に間違っている。そのような考えは、再利用もリサイクルもできないものがあるということを忘れている。それは何かというと、消費＝破壊される❖2エネルギーの存在だ。環境汚染に対する社会闘争の領域では、強靭な公共政策が導入されるからこそ、またその限りにおいて、われわれは実のある結果を残すことができる。最低限の財政その他のインセンティブがなければ、社会の前向きな進化はきわめて限定的なものに留まってしまう。

企業に関して言えば、環境問題解決のために各企業が自己調整することが期待されている。その目的は何よりも、地球生態系破壊に対する企業責任を理由に製品の保証期間延長や法規範遵守などの制約を企業に課すのを回避するためだ。ジャン＝ポール・ベッセはまさに次の点を強調する。「生命の危機の前線で稀に獲得される〈勝利〉は、政治的選択の結果であった。そのような政治的選択は、さまざまな〈強制的な〉政策をともなうものだった。例えば、エアロゾルや低温物流《コールド・チェーン》システムにおけるCFC（クロロフルオロカーボン）の禁止、酸性雨対策として産業界に導入された義務的規格などだ。欧州の市街地における大気汚染は抑制されたが、それは欧州連合がさまざまな法規範を採択し、自動車製造業者に適応を義務づけたことでようやく実現したのだ」[23]。企業の社会的責任が資本主義を人間的かつエコフレンドリーにすると言うなら、三世紀後にどうなるか見ものだ！

エコロジー問題を解決するために提案される技術的対案は、どれも**グリーン・ウォッシング**の域を出ていない。それらはいずれも主流の経済パラダイムと決別することはない。経済パラダイムとの決別は、自然に対するわれわれの態度が変わることを示唆する。ピエロ・ビヴェラッカは、賢明にも次のように述べている。「家事の教育学（pédagogie domestique）は、ゴミをその多様性において考察することを促す。ゴミの重要性に気づくことで、生産物の生命を全体論的《ホリスティック》な視座から眺めることができるようになる。生産物が自然界の生命全体と結んでいた原初の関係《つながり》が忘却の淵から蘇り、見えなくなっていた関係が見えるようになる。鉱物、森、大地、川、海、動物たちとの原初的な関係が」[24]。

脱成長革命の鍵は、人間中心主義的で功利主義的な想念をこのように**脱植民地化**することにある。われわれの精神を経済（学）の帝国主義から解き放つ必要がある。だがそれだけでなく、世界の**再魔術化**も重要だ。「良心的な経済成長反対論者」は、新たなアントロポ＝コスモロジーの構築を切望する。[25]物が物にすぎなかったら、それが陳腐化してもわれわれは何も感じることはない。だが、もしも物に魂が宿っており、「物がわれわれの魂を惹きつけ、愛するようにしむけている」のだとしたらどうだろうか。そう、アニミストや詩人が考えるように。その場合、物事の感じ方は完全に変わってくる。[26]

以上で述べた課題は、環境学的な意味でのエコロジーの範疇に収まるものではない。もはや「精神のエコロジー」あるいは「エコソフィー」に関連する課題である。精神のエコロジー／エコソフィーは、産業体制を深層の次元において変えるために必要なのだ。

結論に代えて——カタツムリの二つの教訓への回帰

カタツムリは二つの知恵を与えてくれる。一つ目はすぐに思いつくことだが、遅さ（スロー）を大切にするという知恵だ。カタツムリがスローフード運動のシンボルとなった理由はここにある。二つ目の知恵は、さまざまな生物体（人間社会を含む）にとって自己自身に限度を設ける必要を教える。これはより重要なことだ。まさにこれこそが、カタツムリが脱成長のシンボルとなった理由である。近代社会と同様、カタツムリもしばらくは幾何学的理性に寄り添っていた。しかし、殻の渦が四回転したところでその成長を止め、幾何学的理性から離れた。この知恵は「脱成長」社会を構想するための道をわれわれに示している。可能ならば穏やかで自立共生的《コンヴィヴィアル》な脱成長社会を。そしてこの知恵は、遅さを回復するためのまったく異なる視座を与える。遅さとは、際限のなさを拒否する表徴《シーニュ》となるのだ。

経済成長社会の生産力至上主義は、具体的世界を破壊した。時間の制圧=圧縮《エクラスマン》はこの破壊の本質的な側面である。中世半ばに西洋で起こった時計の発明が世界の人工化の出発点となったこと、すなわちこの時期を契機に世界から聖性が失われていったことは、多くの人（特にルイス・マンフォード）が正しく指摘しているところである。実在を「集-立」《アレゾヌマン》[1]することの道具によって、近代の革命は幕を開けた。時間は機械的かつ可逆的となり、その「具体性」の喪失が始まった。時間は太陽や月の周期とは結びつかなくなった。季節や収穫のリズムとも、〔王権の〕即位式や歴史的出来事とも。生業（種蒔き、草刈り、収穫、果樹の剪定）が経験世界の座標を与えるようなことはなくなった。宗教的な祭礼や世俗的な祝祭によって生活のリズムが形作られることもなくなった。むしろ経験世界は抽象的な機械装置によって規律されるようになった。時間は生きられた経験世界との繋がりを失った同質な量となった。それに応じて経験世界もまた次第に整合性を失った混沌へと形を変えていった。その時から、人間の活動はすべて労働と見なされ、あらゆる価値はお金で測定されるようになった。労働はますます抽象化され、時間量で測定され、お金と同義になった。労働、時間、お金は、交換可能で一体となった基体を形成する。商人はこの基体の上で相場を張ることが可能となる。祝祭日が消滅し、日曜労働、夜間労働が導入された。そしてもちろん、女性労働や児童労働も。時間は数えられ、割り引かれる。時間は経済の中心テーマとなった。与えられた時間のなかで常により多く生産しなければならない。生活のテンポを加速させ、製品の耐用年数（物の寿命）を短くしなければならない。経済成長信仰のせいで悪の道に堕ちた近代は、「力」「勇敢さ」「進歩」「成果」「快挙」「時間と空間の支配」と同義語である速度に満足するしかできない。猛スピードで走るグローバル経済は常に加速化している。この地獄のようなスピードについていける人だけが生き残れる不可逆的なプロセスを維持しながら。

　フランクフルト学派の後継者である社会学者／哲学者のハルトムート・ローザは、後期近代の特徴を理解するための鍵概念として「加速化」を考察の対象としたほどだ。[1]時間の節約は時間の**経済学化**でもある。時間をナノ秒単位まで計算して節約するとしよう。時間を「稼ぐ（profiter）」ためにだ（ここで言う「稼ぐ」とは、喜び《ジュイサンス》のためではなく、「利益を引き出す（tirer profit）」という厳密な意味で使っている）。われわれは文字通り時間を失った。時間を得ようとあまりにも強く望んだために、われわれは時間を失ったのである。

われわれの寿命が伸びるほど、活動的に生きる時間（le temps de vivre）は減少する。ギー・ドゥボールの表現を借りるならば、寿命は「増大した余分な生（la survie augumentée）」❖2に成り下がるからだ。増大した余分な生を暇つぶし、つまり余暇の消費で埋め合わせたところで、事態はまったく変わらない。人生は時間・労働・お金の消費《コンソマシオン》と消尽《コンシュマシオン》でしかない。現代人はもはや時間のなかに生きていない。自由な時間は意味のないもの、受け入れられないものになったのだ。「今」という瞬間はバーチャルな永遠のなかに消滅する。人間の（平均）寿命は確かに延びたが、活動的に生きる時間はかつてないほど失われている。われわれは本来根差すべきものとの繋がりを失った。有機体、植物、動物は、機械、電子機器、デジタル技術、ロボットに大幅に置き換えられている。われわれはバーチャルなもののために実在を犠牲にした。この犠牲はわれわれの環境全体に影響を与え、人類の生存に対する脅威をもたらしている。

第六番目の種の絶滅が進行中だ。自然環境の過剰開発、環境汚染、生態系の攪乱、外来種の侵入、気候変動が原因である。文明崩壊の時が危険なほど近づいている。そうだ、脱成長の時節が到来したのだ！　簡素な社会は文明崩壊の残滓から現われるだろう。簡素な社会では時間との関わりがこれまでとは異なってくる。時間との「健全な」関係を回復するには、世界に住まうことを学びなおさなければならない。つまり、遅さを再評価し、風土《テロワール》、コミュニティ、隣人との繋がりから得られる生活の風味《サヴール》を再発見するために、仕事中毒から解放されなければならない。「ぶらぶら歩き《フラスリ》」を再評価するのはあながち間違ったことではないだろう。詩人のボードレールはこれを称え、経営学者のテイラーは非難した。

　実際に、「デッド・タイム（des temps morts）」〔休止時間〕の消滅は時間の死（la mort du temps）に値する。この文脈において重要なのは、失われた神話時代の過去に回帰することよりも伝統を刷新することだ。想念の脱植民地化のためには「自由な」時間を奪還しなければならない。マスメディアやデジタル技術という阿片《オピウム》よりもむしろ、人々が享受する**オチウム**（余暇）をもっと積極的に評価しなければならない。脱成長の企てが提供する展望は決して悲観的ではない。なぜなら脱成長は、崩壊中の文明の屈辱的現実への対応として現われているのだから。生産力を自己制御する社会は祝祭的な社会でもある。まさに美味しい食事と歓びは、脱成長的な生活の技法の根本にあるものだ。

エピローグ——パンデミック以後〔1〕

「これまでとは何もかも変わる」とメディアは繰り返し伝えている。パンデミック以後の世界は、良き生の意味、ガストロノミー、脱成長的生活の技法をも大きく変えるのだろうか？　この最終章は、ロックダウン期間中とその解除期間との合間に執筆された。当時、私は新型コロナウイルス（COVID-19）とは別の悪性ウイルスに感染し、咽頭の左側が強く麻痺する病気を患っていた。本書の色調《トナリテ》がどの程度の反響をもたらすかはわからない。苦しんでいるときに幸福について語り、胃ろうで栄養摂取しているときに良質な食事について書くのは、脱成長派であろうがなかろうが、難しいことかもしれない。

この間、私は、自分の学問上の助言者だったイヴァン・イリイチのことを度々考えていた。彼は脳腫瘍に散々苦しんでいた。にもかかわらず彼は、「まだ生きているという奇跡を祝福しなければならない」といつも言っていた……。

新型コロナウイルス（COVID-19）の世界的流行が始まったとき、私はいくつかのインタビューのリクエストに悩まされていた。リクエストは主にイタリアとフランスのジャーナリストから来たものだった。彼らによると、脱成長は今回のパンデミックに応答しなければならないということだった。あるジャーナリストは、ロックダウン政策によって生じた状況は「良心的な経済成長反対論者」の予見と一致しており、脱成長プロジェクトを実現する契機となるだろうと言う。別のジャーナリストは、この危機はグローバル化から抜け出すための、さらには体制変革のための絶好の機会になるだろうと言う。

感染症を封じ込めるために各国政府が導入した主な政策は、いくつかの「プラスの」波及効果をもたらしたように見える。温室効果ガスの排出量は特に中国で大きく減少した。同国では大気が再び澄み渡り、北京の住民は青空を仰いだ。あらゆる種類の環境汚染が緩和され、都市には鳥のさえずりが再び聴こえるようになった。水上バスと観光客で荒らされていたヴェネツィアの運河には、イルカが戻ってきた。さらに当然ながら、世の人々はさほど消費しなくても生存できることがわかってきた。彼らは簡素な生活を学び、多くの物がなくてもまずまず生活していけると考えるようになった。物がない生活は必ずしも悪いことではないと思うようになったのだ。あるジャーナリストは次のように書いてもいる。この状況において「心理的な抑制から解き放たれる可能性、すなわち再び学び直し、他者への共感や生き物への関心が高まり、経済活動の縮小を強いられた後に脱成長を採用する可能性」を見るべきだろうか？

理論的・哲学的な省察が採用する時間感覚はマスメディアのそれとは異なるので、この問いに対する私の応答は手短なものにとどめておく。まず、疫学的問題の技術的側面に関して筆者は門外漢であることを強調しておこう。その上で私見を述べるならば、二〇〇八年の金融危機の後のように、パンデミックが過ぎ去れば、人々はすぐにこれまでと同様の慣行（ビジネス・アズ・ユージュアル）に戻るだろう。今回の危機から引き出せる教訓は、せいぜい医薬品の国内生産がある程度再開される程度にとどまるだろう。

哲学的省察に必要な時間を確保し、現状を少し離れた位置から眺めるならばどうだろうか。私には、今回の危機が、その特性と規模において、生産力至上主義的で消費主義的な社会、すなわち経済成長社会が抱える病理を鮮烈に顕在化しているように見える。まず、パンデミックによって明らかになったこと（その帰結とその教訓）を見る前に、この出来事の「前例のない側面」の逆説について省察を加えるべきだ。そして脱成長的な生活の技法についても考えていこう。

前例のない危機？

マスメディアは今回の感染症の例外的側面を休みなく報道しているが、この責任は大きい。では、何が一体「前例のないこと」なのか？　確かなことは、「前例がない」とは、感染症の発生でもその重篤さでもないということだ。歴史家は、さまざまな感染症が少なくとも新石器時代以来何度も発生している事実を記録に残している。そのなかには、現在われわれが経験しているCOVID-19よりもずっと死亡率の高い感染症がある。例えば、十四世紀に流行したペストでは、当時のヨーロッパの全人口の三分の一が死亡した。あるいは一九一八～一九一九年に流行したスペイン・インフルエンザでは、数千万人の死者が出た[2]。歴史家の一般的見解では、感染症発生の原因は、ウイルスの本来の生息地である「野生」環境と人間の関係の修正、交易とそれにともなう人口移動の増加に求められる。ごく最近の研究では、ラテンアメリカに関して、すでに古代もしくは十六世紀には気候変動と関連した感染症が発生していたことが一部の歴史家によって明らかにされている。この場合の気候変動は地質学的要因によるものだが、時には人為的要因によるものも確認されている。

何が「前例がない」というのか。もちろんそれは、多くの国で採用されたロックダウン政策の規模である。ロックダウン政策は、〔本稿執筆の時点では〕三十億人以上に影響を与えた。さらに、それと比べたら程度は小さいが、この出来事の実際の、またそれ以上に想像上の拡大速度もそうだろう。

ＣＯＶＩＤ‐19は多くの場合において致命傷とはならない。しかし、そのきわめて強い感染力と感染によって生じる諸症状が医療体制を混乱させた。なぜなら、この種の感染症の出現は予見できていたにもかかわらず、医療は対策を講じていなかったからだ。人間の活動も全地球規模あるいはほぼそれに近い規模で停止した。最初の頃、この感染症の特徴が凡庸ではないにせよ比較的緩やかなものであることを強調する人々がいた。だが、彼らの主張は、ある時点まではまったく間違っていたとは言えない。「報告された死亡者数が示すように、今のところ、これは世界の終わりではない。結局、これが現実なのだ」と彼らは言っていた。マスメディアは、まるで戦争犠牲者を報じるように死亡者と感染者を間髪入れず報じた。それが黙示録的な心理状態を作り出した。思い出してみるとよい。フランスでは、通常のインフルエンザによって毎日一五〇人以上の死者が数か月にわたって出ていたことを。また、世界では毎年約一三〇万人以上が交通事故で亡くなるが、あらゆる交通を禁ずる必要などわれわれは夢にも思わないではないか。検討してみると、近年発生した他のさまざまな感染症の影響のほうがより大きかったと言えるかもしれない。ジャーナリストのダニエル・シュナイダーマンは、リベラシオン紙の二〇二〇年三月二十三日付の論説で、一九六八年の夏から一九六九〜七〇年の冬にかけて発生した香港かぜ（香港インフルエンザ）がフランスで四万人、世界で一〇〇万人の死者を出し、ほとんど知らぬ前に去っていたことを指摘している。

何がなんでも健康

二〇〇三年に米国がイラクに介入する際、死者を一人も出さない戦争という幻想のなかで一気に現われたのが、〈死の拒否〉という思想である。この思想はトランスヒューマニストたち[❖1]の怪物的研究のなかでも顕在化している。そして今度は、医療の権力と政府の権力そして世論の間の暗黙の共謀のなかにこの思想の台頭が透けて見える。医療と科学の言説の権威はマスメディアによって声高に報道され、世論の支持を集めた。これらの言説を発する者たちの矛盾と混乱にもかかわらず、その権威は国家の首脳にとって正真正銘の拘束力となってしまった。なかでも、ドナルド・トランプ米大統領（当時）とボリス・ジョンソン英首相（当時）の態度の変化は目を見張るものがある。それと同時に、医療と科学の言説の権威は独裁的な政治への偏向にもお墨付きを与えている。オルバン首相のハンガリーとエルドガン大統領のトルコはその最もわかりやすい事例である。医療の権威のなかには自由を蔑む態度をとる者もいた。彼らは最も限定的かつ抑止的な政策を打ち立てる政府に対して治療費の競り上げすら行なった。

経済成長を目的とする社会は、「何がなんでも経済」という思想を掲げているが、いまやそれが「何がなんでも健康」という思想に後退した。これは実に注目すべきことである。「何がなんでも健康」とは、いわば宗教戦争の後の初期近代に流布した「何を犠牲にしても命を守る」という考えに通じるものだ。言い換えると、こういうことである。近代には補完的で対立的な二つの価値の軸がある。一つは「お金」である。これはジョン・ロックの思想に象徴されるものだ。ロックにとって、社会契約は法治国家における富裕化を目指す。もう一つは「生命」である。これはトマス・ホッブスの思想に象徴されるものだ。ホッブスによると、われわれは、生存と生命の安全を保障する後見人たるリバイアサン〔国家〕のために、すべての自然権を放棄しなければならない。これら二つの価値の軸の間で、カーソルは後者のほうに移動したのだ。すなわち、暴力、極貧もしくは病気によって生じる死は、何であれ避けねばならない。たとえそれが自由を手放すような代償を払うことになったとしても、経済を少々犠牲にしなければならないとしても、だ。恐るべきことは、後見人たる国家のために自由を放棄するということを、市民が良かれ悪しかれ受け入れたということである。この自由の放棄は一時的な措置に留まらないのに。

社会の病理をケアする

今回の危機によって、われわれの社会のとてつもない脆弱さが明らかになった。成長主義的な社会が地球の生態学的限界の壁にぶつかることをエコロジストが明らかにしてから随分と時間が経過した。経済成長を目的とする社会が技術的な力を発展させれば、ますます社会は脆弱になる。数年前に起こったアイスランドの火山の噴火は、すでにそのことを十分に示していた。繰り返される停電、津波、その他の自然災害もまた同様である。人間同士／国家間のつながりと相互依存が経済と技術の論理に従って増加すれば、それだけレジリエンスは低くなる。医薬品の欠乏は、この事実をいやというほどわれわれの目の前に突きつけている。

特にイタリアやフランスでは、新自由主義政策の勝利と財政緊縮政策によって福祉国家が解体した。第二次世界大戦後に導入された医療制度が大幅に切り崩され、民間セクターへの払い下げと利益追求の論理が〔社会政策を〕支配するようになった。その結果、病院数が不足する状態のなか、限られた看護スタッフ、防護服、医療設備、病床数で今回の感染症と向き合わなければならない状況が生じた。医薬品も欠乏していた。製造にレアアースも高度技術も必要としない防護用マスクの生産に世界中が奔走するのは、何か悲壮なものがある。導入された政策の内容も、警告のシグナルに耳を傾けない公権力の態度も言語道断だ。犯罪的と言ってもよい。だとしても、現代的な医療制度の逆生産に目をつぶることがあってはならない。イヴァン・イリイチが分析したように、医療の逆生産性は、多くの場合、医原性《イアトロジェーヌ》である。そしてお金の無駄遣いの温床となる。現代的な医療制度は、医薬品の濫用の結果として院内感染症を発生させ、患者の免疫力の低下を引き起こす。

福祉国家が危機に陥ったのには、きわめて現実的な理由がある。その理由に従えば、福祉国家に弁解の余地を与えることなく、マーガレット・サッチャーとロナルド・レーガンの新自由主義的反革命を説明することができる。事実、先端医療の論理に追従する過程で医療支出は指数関数的に増加し制御不能となっている。さまざまな製薬会社の薬剤価格〔の競り上げ〕に関する醜聞には触れるまでもないだろう。すでに社会保障費は、障がいをもつ子どもや成人をケアするだけの予算を十分に持ち合わせていない。透析を必要とするすべての患者に十分な医療を提供する財政的余裕もない。この文脈において、経済成長社会（ほどんどゼロ成長であるが）が万人の健康という目標を実現するのは一層難しくなる。社会的病理が市民の健康に与える影響は日に日に大きくなっている。しかし、まずすべきことは、その影響を心配するよりもむしろ、社会的病理そのものをケアすることではないだろうか。技術的介入によって問題を先延ばしにするよりも、経済成長社会との根本的な決別を通じてその負の影響を治癒するほうが、ずっと効果的ではなかろうか。脱成長は、この方向に進む政策案として、特に医療分野における研究開発の方向転換を推奨している。また、コミュニティに根差した環境にやさしい代替医療の発展も推奨する。

バーチャルの勝利

人間的な次元や社会関係の次元を見てみよう。最も嘆くべき結果の一つは、握手やハグなど、基本的で重要な社交が失われ、仮想現実（バーチャル・リアリティ）が主流化したということである。われわれはこの問題に応答しなければならないだろう。過去には、感染症の管理のために隔離政策が導入されていた。だが、他者との対面的な交流が今回のように消滅することはありえなかった。グローバル化によってウイルス性のものが加速度的に拡散する。疫学的な意味でのウイルスだけでなく、コンピュータウイルス、経済・金融取引、テロリズムの拡散などがそうである。これらウイルス性のものの加速化にともない、実在に対するバーチャルな世界の支配が進んでいった。社会学者ジャン・ボードリヤールは、彼が生きていた時代にこの現象を鋭く眺めていた。[❖2] ロックダウン中の生活ではデジタル技術が中心になったが、その結果、バーチャルな世界の支配が著しく強まった。子どもはパソコンやタブレットの画面に長時間身をさらすことになるが、その身体的・心理的な危険を心配する理に適った意見は、学校教育を維持する必要から無視された。狭い居住空間のなかに閉じ込められた家族にとって気晴らしの必要があったことも言うまでもない。

　われわれの目の前には、ジェイムス・ラヴロックが「ガイアの報復」と呼んだものが現われている。近代の幕開けと同時に、われわれは自然に対する戦争を宣言し、自然と調和して生きることを止めた。自然は自己防衛反応を起こす。そしてわれわれは、引き下がることなく、自然に対して新たな攻撃をけしかける。この戦闘的な態度（マクロン大統領の言説に実によく表われている）は好ましいものではないし、逆生産的である。ウイルスを殺すことはできない。ウイルスは自然界の一部なのだから。われわれがせいぜいできることは、ウイルスとうまく付き合いながら管理することだ。ウイルス学の専門家を信用するならば、新型コロナウイルスは、他の多くのウイルスと同様、コウモリを宿主《しゅくしゅ》としており、直接的に人間に感染したと推察される（中国人は伝統的な薬局方としてコウモリを消費する）。あるいはセンザンコウなど他の食用野生種を媒介として間接的に人間に感染したとみられる。

　生産力至上主義的な農業はこの問題に関して責任を負っている。なぜなら、自然に対する戦争に参加し、略奪者のような行動をとっているからだ。パーマカルチャーおよび伝統的な小農民にも見られるような良き庭師の振る舞いをとっていない。生産力至上主義的な農業は森林破壊を行ない、動物を尊重しない大規模集約型の畜産を拡大し、野生動物の売買を進めている。これらの行為は皆、生物種間の垣根を超えたウイルスの伝播、突然変異、そして最終的には動物から人間へのウイルス感染を促進する。鳥インフルエンザ、豚熱、エイズ、ＳＡＲＳ（重症急性呼吸器症候群）の事例はそのことを具体的に示している。今回の感染症では、生産力至上主義的な農業が感染症発生にどのくらい寄与したのかは明らかとなっておらず、その影響は直接的ではないかもしれない。だが、おそらく関係はあるだろう。反対に、グローバル化によって感染の拡大が前例ない水準で進行する間、中国の武漢市やイタリアのロンバルディア州では粒子状物質（PM）による大気汚染が起こっており、それが症状の重症化の誘因となったと見られる。

教育的な破局？　パンデミックと再ローカル化

今回の危機からどのような教訓が得られるだろうか？「もはや今までとは何もかも違う」、と政治家や知識人はこぞってそう繰り返す。経済学者さえも。世間は彼らの言葉を信じたいだけなのだ。他にどんな理由があるというのだ？　もちろん、理性的に考えるならば、軌道修正するのが筋と言えるだろう。不可逆的な文明崩壊、さらには人類の絶滅を避けるために、脱成長は「節度ある豊かな社会」を求めている。だからといって、そのような社会の基本条件《プロレゴメーヌ》が整ったと言えるだろうか。

確かに、一部の人々が「無理強いされた脱成長〔ロックダウンによる経済活動の縮小〕」と呼ぶ状況が現われている。同時に、さまざまな連帯が至る所で急速に発展し、何らかの創造的な活動が現われている。状況的にバーチャルな形態にならざるをえないが、さまざまな自立共生《コンヴィヴィアリティ》の実践も。だが、このような現象は黄色いベスト《ジレ・ジョーヌ》運動の時にも見られたことだ。

　不安定な生活を送る人々の大多数は、庭もテラスもベランダもないとても小さな住まいのなかに閉じ込められ、この状況を苦悶に耐えて過ごした。けれども、「ボボス（ＢＯＢＯＳ）」と呼ばれる文化的上流階級だけでなく、「良心的な経済成長反対論者」の多くは、ロックダウン期間をとても穏やかに過ごした。彼らの生活は、まるで脱成長の企てのいくつかの側面を予想しているかのようだった。あらゆる社会生活の基本的要素である他者との物理的接触が失われ、大きなフラストレーションを抱えることになったにもかかわらず、である。しかし、この状況は、経済成長社会との決別を促す条件として十分だろうか？いくつかの小さな変化が予見されるとはいえ、（一部の人々が期待している）脱グローバル化や（予想されている）再ローカル化は実際に起こるのだろうか？

　ＣＯＶＩＤ-19のパンデミックは、ローカルを二つの文脈〔短期・長期〕で召喚する。まず、即座に。なぜなら感染症の拡大を抑制するためにほぼ至る所でロックダウン政策が導入されたからだ。さらに長期的にも。生産拠点の無分別な海外移転の危険性が明らかになり、グローバル化を制限しなければならないという意志が喚起されたからだ。一部の人々は、〔パンデミック下で起こった〕諸々の出来事のなかに脱成長の企ての実現に有利となる文脈を見たと信じたほどだった。しかし、最初に述べた短期的文脈での効果は短命に終わる危険がある。第二の長期的文脈における効果は限定的である。多くの人々が覚醒しない限り、グローバル経済の諸力の一部は、危機から抜け出た後に再び強化される可能性が十分にあるからだ。

新型コロナウイルスが流行中、世界中の政府が大なり小なり厳格かつ広範囲のロックダウン政策を採用した。ロックダウン政策によって人々は近隣空間に引きこもったが、それは日常の生存のためだけでなく、政策遂行のための行政上の理由からでもあった。一方で、グローバルなサプライ・チェーンが機能不全に陥ったため、食糧供給に関してローカルな対策を求めなければならなくなった。いくつかの衛生用品（マスクやアルコール消毒液）に関しても同様だ。近隣同士の連帯や草の根の創意工夫が「持ちこたえる」ことができる間、地産地消（とくにAMAP）やコミュニティ・レベルでの商取引への関心が高まった。もちろん、個人による自律的対案（家庭菜園など）にもだ。

他方で、国境の意識が再び強まり、国家の主権が再確認されたが、それに加えて自治体への期待が高まった。ロックダウンやその解除など、公衆衛生管理は可能な限り現場に近いところで実施する必要があったからだ。これはフランスでは特に重要な変化である。なぜなら第一次マクロン政権の前半期、中央政府は自治体の首長を蔑むような態度をとっていたのだから。

より一般的に言えば、今回の医療危機はグローバル化した社会の極度な脆弱性を証明した。医薬品の大部分は中国からの輸入に依存していたため欠乏した。その時、経済の論理だけに則って実施された産業の海外移転が浅はかな選択であったとまざまざと知らされた。人間同士・国家間が相互に繋がり、依存することで、自律性は取り返しがつかないレベルまで失われた。自由貿易が教条化したため、自律性は行き過ぎた国際分業の犠牲となってしまったのである。

欧州諸国は今回の失敗から学ぶと言っている。現在、欧州各国は重要産業の生産の一部を本国に還流させると宣言している。したがっていくつかの変化が予見されうる。欧州通貨政策のルールの修正はすでに議題に上がっている。しかしその目的は何よりも、経済再始動を推進し、もはや神話と化した経済成長の軌道を再生するためだ。製薬企業など、生存に必要な戦略的産業の一部再ローカル化も予想される。そのためには、経済競争力ならびに自由貿易という神聖視された原則を度外視して、大なり小なり強力な保護主義政策を導入する必要がある。しかし、そのような国家の暫定的な介入は、本当のところ政策化されていない。**メタノイア**[3]、すなわちわれわれの社会の根本を問い直す必要がまだある。欧州各国政府の政策は短期的な利害関心に囚われており、メタノイアの機会はおそらく奪われ続けるだろう。したがって、経済信仰や経済成長信仰の放棄は当分起こらないだろう。

残念なことに、エネルギーとデジタル技術という二つの重要産業部門にとって、今回のパンデミックはグローバル経済の脆弱性を露呈することはなかった。エネルギー産業部門に関してだが、崩壊学派の予測に反して原油価格は暴落し、再生可能エネルギーの開発に対する意欲が損なわれた。原油価格の暴落は〔消費による〕景気刺激策を助長することになるだろう。航空産業や自動車産業など、エコロジー的観点からは最も有害な産業部門の景気刺激策も含む。エコロジー・トランジションの実施が叫ばれており、その政策を具現化する絶好の機会であるのに、これらの産業部門の再転換が行なわれる見通しはまったく立っていない。したがって、これまで以上に強力な形でマス・ツーリズムと商品の輸送が再開する危険がある。

デジタル技術に関してはどうだろうか。グーグル、アップル、フェイスブック、アマゾン、マイクロソフトの頭文字をとってGAFAMと総称される巨大IT企業の景気は悪化を知らず、今回の危機によって多額の利益を上げている。実物経済を犠牲にしてGAFAMの市場占有率は著しく増加した。図書館はアマゾン社と対峙することになり、コミュニティ・ビジネスやローカル市場は〔ウォルマートなど〕大型量販店のオンラインショップ、テレワーク、オンライン医療相談などに敗北した。すべてがローカルに不利益をもたらした。

覚醒の必要性

したがって、感染症の警告が過ぎ去れば、二〇〇八年の経済・金融危機の後のように「これまで通りの慣行（ビジネス・アズ・ユージュアル）」に戻り、競争力／経済競争の論理のなかにいつまでも留まる危険がある。パンデミック中に確認されたエコロジー的にはプラスの側面も一掃される危険がある。思い出してみるとよい。ソビエト連邦が崩壊したとき、経済的・社会的な破局が起こり、二酸化炭素排出量もまた著しく減少した。だが、この状況を有効に活用することはなかった……。中国の場合、有害物質の排出量の大幅な減少が確かに確認される。だが、すでに中国政府は経済キャッチアップ政策を計画している。したがって、パンデミックが契機となって体制の慣性が打破されることはほぼないだろう。そのような体制では、権力者の利害関心に犠牲者が受け身になって加担しているからだ。〔体制の変革には〕もっと強力なショックが必要となるだろう。では、もしグローバル経済が崩壊したとすればどうだろうか？　ありえないことではないが、確率としては低いだろう。いまや各国政府はいくつかの教訓を得た。国家は市場に介入できる。もちろん、限界はある。例えば、景気が低迷しているときなどがそうだ。それでも現時点では、政府は景気後退に手を打つことがまだできる。ただし、経済恐慌にならないうちは。というのも、恐慌になったら、何もかもが制御不可能になるからだ。

　草の根の強力な社会運動だけが状況を逆転することができるだろう。脱グローバル化／再ローカル化を推進するそのような運動の萌芽は確実に存在する。ローカルに根差したあらゆるタイプのオルタナティブな活動は、繰り返し出現している。だが、これらローカルな活動は、「鶏小屋の狐」から保護されなければならないだろう。「鶏小屋の狐」とは、十九世紀にマルクスの友人だったオーグスト・ベベルが野放図な経済競争を定義するために用いたこれ以上にない見事な表現である。

　中期的な産業転換を進める野心的計画によって、ローカルな変革の動きを強化しなければならないだろう。なかでも生産力至上主義的な農業、観光産業、自動車産業、航空産業、エネルギー産業を、真のエコロジー・トランジションへと方向転換させなければならない。さらに、経済成長想念の脱植民地化が起こらなければローカルな変革の成功はありえない。だからこそ脱成長運動は、経済成長想念の脱植民地化を推進しているのである。また、その逆も然りだ。脱成長の好循環を発動させる再ローカル化が、想念の脱植民地化を促進することにもなるだろう。脱グローバル化を切望するさまざまな声は、どれも正当な理由をもっている。だが、その声は、経済成長想念の脱植民地化を伴わなければ、トランプ、オルバン、ボルソナロのような排外主義的なポピュリズム運動の首謀者とその仲間たちの道具として利用される危険がある。彼らは待ち伏せている。

　国境を超えた経済競争と野放図な自由貿易は、万人の万人に対する闘争である。それはまた、万人の自然に対する闘争でもある。脱成長というエコロジカル社会主義の企ての観点から言えば、この闘争状態から抜け出すために活動することがこれまで以上に求められている。近々、映画『01年』❖[4]を観賞しようか？　一九七〇年代に制作された有名なユートピア映画だ。原作は、週刊紙『シャルリ・エブド』のイラストレーターだったゲベ❖[5]（Gébé）の漫画だ。映画に登場する人々は、経済活動の大部分が停止した状態のなかでユートピアの実現の始まりを目撃したと思った。ピエール・カルルのドキュメンタリー映画[3]によってゲベの映画は再発見された。にもかかわらず、ユートピアの実現はたぶんまだ始まらないだろう。だが、カルルのようにノスタルジーを持ち続けておこう。脱成長の企てがもたらすラディカルな変革の希望を育むために。

謝辞

友人のピエール・ジュヴァンタン、ティエリー・パコ、ジルベール・リスト、マイケル・シングルトンは、本書の原稿の一部あるいはすべてを注意深く読んでくれた。彼らの貴重な批評、感想、修正案に感謝申し上げる。本書にはいくつか不完全な点が残っている可能性があるが、それらはすべて筆者一人の責任である。

解説　幸福と食と脱成長——コンヴィヴィアルな文化のデザインのために

中野佳裕

哲学にとって概念とは、絵画における色彩と似ています。
ロシ・ブライドッティ(1)

一．はじめに

本書はSerge Latouche, *L'abondance frugale comme art de vivre: bonheur, gastronomie et décroissance*, Paris, Éditions Payot & Rivages, 2020の全訳である。直訳すると、『生きる技法としての節度ある豊かさ——幸福、ガストロノミー、脱成長』となる。環境人文学の良書を手がけるリヴァージュ社の文庫シリーズの一冊として刊行された。著者は同シリーズから他にも*Comment réenchanter le monde : la décroissance et le sacré*（2019）〔どのように世界を再魔術化するか——脱成長と聖なるもの〔未邦訳〕〕、*Travailler moins, travailler autrement ou ne pas travailler du tout : labeur et décroissance*（2021）〔邦訳は『脱成長がもたらす働き方の改革』中野佳裕訳、白水社、二〇二三〕の二冊の書籍を刊行している。つまり本書は三部作のうちの二番目に位置づけられる。

すでに別紙で詳述したが、二〇一九年にパリ大学出版局クセジュ叢書から刊行された*La décroissance*（邦訳は『脱成長』白水社文庫クセジュ、二〇二〇年）が脱成長の総論であるのに対して、リヴァージュ社から刊行されたこれら三冊は脱成長の各論である。文庫の第一弾はスピリチュアリティ、第二弾（本書）は幸福と食、第三弾は労働を扱っている。[2]

文献学的な観点から見たとき、これら三冊の編集方法には興味深いものがある。第一に、これら三冊は、過去二〇年間に著者が学会や雑誌で発表した論考をテーマ別に分類し、加筆修正を加える形で仕上げられている。各論考は独立した小宇宙を構成しているが、一冊の書籍としてみた場合、各タイトルのメイン・テーマを段階的に掘り下げる見事な配列で並べられている。

第二に、これら三冊はそれぞれ固有のテーマの下に編纂されているが、通しで読むと著者の議論にゆるやかな連続性が確認される。二冊目の本には一冊目における聖性やアニミズムに関する考察が変奏されて登場し、三冊目の本には二冊目で議論されている時間に関する考察が変奏されている。この見事な構想が著者自身の手によるものなのか、あるいは同文庫シリーズの監修者であるリディア・ブレダのアイデアなのかは定かではない。いずれにせよ、翻訳作業を通じてこれら三冊の間に共通した主題とその変奏――ときには分散され、凝縮され、単語レベルのミクロな次元で起こる変奏――を発見したのは訳者として大きな発見だった。

本書の原書が刊行された時期が新型コロナウイルス（ＣＯＶＩＤ‐19）の世界的流行と重なることも特筆すべきだ。著者は本書の執筆を少なくとも前年の二〇一九年から始めていたようだが、ＣＯＶＩＤ‐19の流行に合わせて脱成長に新たな省察を加えなければならなくなった。宗教戦争以来、危機のなかで、危機と対峙しながら社会の未来を論じるのはヨーロッパの哲学者の常識であると同時に責務である。二十一世紀初頭の「テロとの戦争」、二〇〇八年の金融危機、そして気候危機も然り。これらの危機と向き合ってきた哲学者と同様、本書における著者の思考のスタイルも緊迫感がある。だが、それは二重の意味においてである。というのも、ＣＯＶＩＤ‐19流行中、著者は別種の悪性ウイルスに感染し、病床に伏しながら執筆を続けていた。その過酷な状況の一端はエピローグの冒頭で知ることができる。本書には、地球環境危機の一環として出現したパンデミックと向き合う一方で、自身の病と闘いながら思考を紡ぐ著者の姿も映されている。それでも著者の紡ぐ言葉は、考える愉しさであふれている。カラフルで楽しい脱成長論だ（La Gaya Scienza !）。

二．本書の基本テーマ

節度ある豊かさと脱成長

原題が示す通り、本書の基本テーマは「節度ある豊かさ」の具体的な展望を幸福と食を素材に描くことにある。著者がこの概念を脱成長の主題として提唱しはじめたのは『消費社会から抜け出すために』[3]（*Pour sortir de la société de consommation*, Paris, Les liens qui libèrent, 2010）刊行後の時期にあたる。同書で著者は、地球環境危機と金融危機を加速化させる消費社会のシステムの根本に、「節度／尺度の喪失（démesure）」という倫理的問題があることを明らかにした。そして近代の言説空間のなかで忘却された反生産力主義的な思想文化（中南米先住民の知恵、南欧の思想など）を再訪しながら脱成長の道を多元的に描いてみせた。

この頃から著者は脱成長を「限度の感覚（les sens des limites）を回復する社会的企て」と定義し、

その目指すべき社会の理想像を「節度ある豊かさ（abondance frugale）」という概念でまとめることになる。[4] 実際に二〇一〇年の初来日講演では、脱成長の企てがこの概念と共に紹介された。[5] さらにその翌年にフランス語で刊行された市民向け啓蒙書『節度ある豊かな社会を目指して（未邦訳）』（*Vers la société d'abondance frugale*, Paris, Mille et une nuits, 2011）では、この概念が書籍のタイトルに登場し、脱成長の中心テーマとして明確に位置づけられるようになった。

本書収録の諸論考は、いずれもこの時期以降に執筆されたものばかりである。脱成長を近代合理主義・啓蒙主義・生産力主義に代わるオルタナティブ文化理論として定立させようとする著者は、啓蒙の時代に誕生した幸福の観念体系（イデオロギー）を脱構築し、経済学の認識空間から抜け出た新たな意味の地平の下でその再定義を試みる。そして食やゴミ問題などの身近で具体的な社会問題を切り口に、脱成長がもたらす変革プログラムを言葉の秩序と物の秩序の両次元で構想しようとする。他の著作と同じく本書でも、「脱成長」という言葉は、具体的な対象（objets）や事態（state of affairs）を指すものではなく、ユートピアの地平として現れている。ちょうどデリダにとって脱構築が「現前の形而上学」を内破する思考の〈動き＝力〉であったのと同じように、ラトゥーシュにとって「脱成長（décroissance）」は、消費社会を規整する経済成長想念を壊乱させる思考の〈動き＝力〉として現れている。

簡素な生活とコンヴィヴィアリティ

ラトゥーシュのテクストを読解する際には、いくつかの鍵概念が演出する行為遂行的な作用に注目する必要がある。修辞学と文学の伝統を重視する彼は、自身の議論の中心に置かれるべき言葉に常に複数の意味や文脈を含ませている。それゆえにこれらの言葉はテクストの宇宙の中心に置かれながら常に多方向・多世界(pluriverse)に開かれるのだ。例えば脱成長を意味する「décroissance」には「décroître(減らす)」と「décroire(信じるのを止める)」の二つの意味が込められている。つまり脱成長運動では、「経済成長信仰からの脱却(décroire)」を通じて「環境や社会に対する負荷ならびに不公正の削減(décroître)」を実現することが期待されている。

「abondance frugale」もそうだ。『脱成長』(白水社文庫クセジュ、二〇二〇)以降、訳者はこの語を「節度ある豊かさ」と訳出しているが、それはこの語の持つ行為遂行的な作用を著者のテクストの体系《エコノミー》のなかから抽出しようと試みたからである。ラトゥーシュの使用する言葉を理解する際には、フランス語の日常的用法を縦糸とした場合、そこに思想史で確認される特殊な意味を横糸として通す必要がある(例えば、本書における「bonheur」や「bien-être」の意味のように)。さらに著者が自身の議論を展開するなかで意識している「参照点となる文献」(多くの場合、フランスの学界や論壇を反映している)において関連する言葉がどのような意味で使われているかを、斜めの糸で通す必要がある(便宜上「文献史」と呼んでおこう)。

そうすると「abondance frugale」という概念に含まれる意味の領野をはっきりと同定できる。この語は資源や物財の豊富さを意味する「abondance」と、多くを求めない簡素な生活を意味する「frugalité」の形容詞「frugal」が組み合わさったものだ。いわゆる撞着語法と呼ばれるレトリックで構成された概念である。この語の辞書的な意味(縦糸)に思想史の横糸と文献史の斜めの糸を通すと、次のようなことがわかる。

まず「abondance」は、一九五八年にカナダの経済学者J・K・ガルブレイスが刊行した著作『ゆたかな社会』を連想させる。彼は当時台頭した米国の大衆消費社会を英語で「The affluent society(ゆたかな社会)」と表現したが、そのフランス語訳が「La société d'abondance」なのだ。かつてラトゥーシュは、ガルブレイスのこの古典的名著に言及しながら消費社会批判を行なったことがある。(6) つまり著者のテクストのなかで「abondance」という語が登場するとき、それは特に第二次世界大戦後に現われた消費主義的な豊かさを指していると考えられる。

消費主義的な豊かさは、一九七〇年代からグローバル化の時代にいたる過程で地球生態系の限界を大きく越え、不平等を拡大させた。豊かさは「不公正で持続不可能な豊かさ」となってしまった。生態学的な限度やまっとうさの尺度を超えて拡大を続ける消費社会の様相を、著者はフランス語の「démesure（節度／尺度の欠如）」「illimitation（無制限）」や古代ギリシア語の「hubris（傲慢）」で表現する。消費社会の「行き過ぎ」を示すこれらの言葉の対極に置かれるのが、「abondance frugale（節度ある豊かさ）」である。

「節度ある豊かさ」の意味の領野を理解するには、形容詞の「frugal」の含意を考える必要がある。いくつかの仏和辞典を開くと、この語の名詞の「frugalité」は「質素」「倹《つま》しさ」と訳されることが多い。だが、漢語辞典でこれら訳語の意味を調べると、「困窮した状況のなかで節約しながら生活する」という否定的なニュアンスが前面に出てくる。しかし、本書の著者はこの語に否定的な価値を付与していない。そこでリトレの『新辞典』（第二版、二〇〇六年）を調べると、「frugalité」の意味として「sobriété（節度、簡素）」「la vie non recherchée（多くを求めない生活）」が紹介されている。またロベールの『辞典』を調べると「sobriété（節度、簡素）」「simplicité（簡素）」「tempérance（節制）」「austerité（節制）」が同義語として並ぶ。

『脱成長』（白水社文庫クセジュ、二〇二〇）の制作中、訳者は「frugalité」をどのように訳すべきかしばらく悩み続けた。だが、これらの言葉の群れを思想史の横糸と文献史の斜めの糸を通して俯瞰したとき、この語がイヴァン・イリイチの『コンヴィヴィアリティのための道具』のフランス語版序文の次の箇所と共振することを発見したのである。

> コンヴィヴィアルな道具を使って歓びと均衡を見つける人間を、私は「節制的な人（austère）」と呼びます。このような人はスペイン語の convivencialidad を知っており、ドイツ語の Mitmenschlichkeit を実践して生きています。なぜなら節制（austérité）は、孤立したり自分の殻に閉じこもったりすることを美徳としないからです。アリストテレスにとっても、トマス・アクィナスにとっても、節制は友好関係の基礎を作るものなのです。節度ある創造的な遊びを論じるトマスによると、節制の美徳は、快楽のすべてを禁ずるものではありません。人間関係を悪化させる快楽だけを排除します。［…］節制は、歓び（joie）、節度／中庸（eutrapelia）、友情（amitié）のことなのです。
>
> （Ivan Illich, *La convivialité*, Paris, Le Seuil, pp. 13-14. 拙訳）

イリイチのこの文章を、本書の序章の次の文と重ねてみよう。

> 簡素な生活（frugalité）は不必要な消費を減らすことを意味する。それは必ずしも節制を求めるものではない。むしろ不要な消費を減らせば、生活は愉快なものになりえる。簡素に生きるとは、われわれの欲求を内発的に制御することを含意するにすぎない。分かち合い（コンヴィヴィアリティ）やある種の快楽主義（ヘドニズム）を排除するものではない。

ラトゥーシュのテクストのなかで「frugalité」は、イリイチの「コンヴィヴィアリティ」に通じるものとして用いられていることがわかる。コンヴィヴィアルな生活はある種の節制を求めるが、それは人間関係を悪化させる快楽だけを排除する。賢慮（プロネーシス）に基づく欲求の選択的な制限は、脱成長の先駆者であるイリイチやコルネリウス・カストリアディスが提唱する「自己制御（autolimitation）」の実践に通じる。本書の著者は、このような自己制御を個人のレベルではなく社会的な企てとして――制度変革の企てとして――実践することを提案している。

また、コンヴィヴィアリティの特にフランス語（la convivialité）の文脈では、「分かち合い（partager）」という意味が前面に出てくる。[7] 本書ではこの側面が、マルセル・モースの贈与論によって補強される（第二章）。イリイチとモースを接合させながら脱成長オルタナティブの基礎を描く著者は、「節度ある豊かさ」の名の下で新たな形のコモンズ――本書では「現代のサブシステンス」とも呼ばれる――の再生を目指すのである。そしてこの視座は、西洋の思想文化を超えて、非西洋の思想文化――中南米先住民族の「ブエン・ビビール」、アフリカのさまざまな民族の幸福概念など――に接続していく。「節度ある豊かさ」は、脱成長運動が推進するこれら一連の思想と行為が凝縮された言葉である。それは、社会生活と地球環境を悪化させる過剰消費システムを民主的な制度変革によって制御した姿であると同時に、消費主義とは質的に異なる豊かさを自立共生的な道具を使って創出する姿でもある。

消費社会の対極にある豊かさとして著者がしばしば引き合いに出すのが、マーシャル・サーリンズの『石器時代の経済学』[8]（英語原書一九七二年）である。同書の第一章でサーリンズは、既述したガルブレイスの著作における「ゆたかさ」の認識を反転させる。そして少ない欲求（ニーズ）で労働の義務から解放された石器時代の狩猟採集文化こそが「The original affluenct society（始原のあふれる社会）」[9]であると主張する。『石器時代の経済学』の第一章のオリジナル原稿（縮刷版）は、一九六八年にフランスの雑誌『レ・タン・モデルヌ』（*Les Temps Modernes*, octobre 1968, pp. 641-680）に「La première société d'abondance（最初の豊富な社会）」という題名で刊行された。サーリンズのこのフランス語論文と前掲書のフランス語訳[10]は、刊行直後からジャン・ボードリヤールをはじめ消費社会の批判者によって参照されてきた。[11]本書の著者がこれらの思想史的・文献史的背景を意識して「節度ある豊かさ（abondance frugale）」という概念を発明したのは想像に難くない。

三．各章の解題

本書の構成は大きく五つの部分に分かれる。序章で全体の主題が提示され、第1部（第1～2章）では幸福、第2部（第3～6章）では食をテーマに脱成長が考察され、「結論に代えて」で終結する。そして少しの幕間の後に「エピローグ」が続く。音楽に準えると、これらは異なるタイプの楽曲である。各論考の基調をなす調・リズム・テンポ（文体）と楽音（言葉）を意識しながら楽譜（文章）を読む必要がある。

序章

ルネ・シャールの引用文の後に「一般論として幸福（bonheur）は、物にあふれる生活（abondance）を連想させる。だが、簡素な生活（frugalité）と関連づけられることはない」という文で幕を開ける。

本書全体の主題を呈示している。特筆すべきは、原註1で脱成長を十九世紀イタリアの料理研究家ペッレグリーノ・アルトゥージの著作と関連づけている点だ。当時のイタリアの貧困層にとって唯一の読書体験がこの料理本であった事実に触れながら、著者は民衆の内発的発展の歴史のなかに脱成長を位置づける。

脱成長を貧者の生活技法と関連づける視座は、本書全体を通じて繰り返し現われる。例えば、第1章におけるコモンズの破壊を語る箇所、第3章で「貧しさ」の意味を再考する個所など。特に第3章の原註2でイランの思想家マジード・ラーネマの著作が紹介されるのは、注目に値する。晩年にラーネマは、イリイチの「コンヴィヴィアリティ」とスピノザの「力能（potentia）」の思想を重ね合わせて考えていた[12]。本書の著者もまた、開発や消費社会の他律的な権力（potestas）に回収されない自立共生的な力能を、コモンズに生きる倹朴な人々のなかに見出している。

第1部

西洋近代の幸福イデオロギーの台頭と凋落を検証している。第1部の議論は思想史の大きな流れを想定して書かれている。一文一文に込められた時間感覚は長く、読者はテンポとリズムを摑むのに苦労するかもしれない（例えばこの箇所で著者が「naguère（少し前まで、最近）」という語を使うとき、四〇～五〇年前のことを指している）。著者は、幸福概念の変遷を以下に見る四つの時代区分に分けて考察している。

① 古代ギリシア～中世……第1章

② フランス革命期（啓蒙の時代）……第1章
③ 第二次世界大戦後のＧＤＰの発明と消費社会の台頭……第1章
④ 消費社会の危機からオルタナティブな幸福概念へ……第2章

第1章は、フランス革命期に誕生した近代的な幸福（ボヌール）のイデオロギーの検証である。古代ギリシアの共通善としての幸福（エウダイモニア）や中世キリスト教世界の完全な至福（ベアティチュード）とも異なり、近代の幸福は個人主義的で物質主義的な豊かさの実現を前提とする。特に産業革命を背景に発展した経済学の知識体系は、幸福（ボヌール）の経済学的還元を進めてきた。第二次世界大戦後のＧＤＰの発明はこの流れをさらに推し進め、幸福の数量化を実現した。フランス語における幸福の意味の変容を、西洋倫理学・経済学の思想文化史のなかで検証している。科学認識論（エピステモロジー）から研究を出発した著者ならではの考察が光る論考である。

第2章は、ＧＤＰ指標の限界と消費社会の危機に関する考察から始まる。議論の重心はオルタナティブな富の指標に移り、社会関係資本やコモンズが再評価される。後半では近代個人主義とは異なる幸福の思想的水脈として、イタリアの市民的経済思想や中南米先住民の「ブエン・ビビール」の可能性が検討される。そして脱成長の企てが、イリイチの「コンヴィヴィアリティ」とモースの贈与論を結びつける形で論じられる。この章の議論は『〈脱成長〉は、世界を変えられるか？』（二〇一三）の第三章の議論を加筆修正したものである。原註の豊富な書誌情報と補足説明も併せて読むと、著者の思索の深化を知ることができるだろう。

第2部

食をテーマに脱成長がもたらす社会変革を論じている。第2部に収録される論考はいずれも現代的な問題を扱っており、文体も軽快である。だが、一つ一つの文には巧みなレトリックが駆使されており、丁寧な読解が要求される。

第3章では、過去の著作で導入された「八つの再生プログラム（8R）」と「十の政策案」をフード・システム変革のために応用している。『脱成長がもたらす働き方の改革』（二〇二三）でもそうだったが、著者の脱成長論の諸概念は個別具体的な文脈のなかで用いると、言葉の解像度が一層高まる。8Rは、フード・システムの歴史を「学びほぐす（unlearning）」教育的実践から再ローカル化の具体的実践まで、幅広い領域での「想念の脱植民地化」を刺激する。

第4章はスローフードについて。一九八六年にイタリアで始まったスローフード運動は、脱成長の具体的実践例として注目されている。この章で著者は、運動の創始者であるカルロ・ペトリーニの著作を手引きにスローフードの哲学を論じている。特にブリア＝サヴァランの『味覚の生理学』が提示した「食の学」としての「ガストロノミー」の意味とその現代的解釈、そしてスローフード運動の多様な活動は、日本の読者にとって発見が多いのではないだろうか。また、中世サレルノ医学校のレシピや食べ物の聖性に言及するところでは、南欧的な思想文化の一端を知ることができる。

第5章は肥満について。現代フード・システムの病理を開示する鋭い内容である。近年、人間の健康と地球生態系の相互依存性に注目する「プラネタリー・ヘルス」[13]という概念が注目されているが、脱成長もその文脈のなかで発展的に議論されうることを示唆する論考だ。特に著者は、地球の健康と人間の健康のインターフェイスにあるグローバルな政治・経済・科学技術体制の構造的問題を批判的に検証している。脱成長の視座から提唱される再ローカル化も、肥満病解決の観点から新たに論じられている。

第6章は廃棄物問題について。一九七〇年代に著者がリール大学で始めた「余り物の人類学」の研究成果を振り返りながら、グローバル化した現代消費社会の構造に触れる問題として廃棄物問題を取り上げる。他の章と同様、ここでもグローバル化した消費社会の政治経済学的分析が光る。後半で著者は、廃棄物問題の解決策として近年欧州で流行するサーキュラー・エコノミーの取り組みの例を挙げ、その限界を科学認識論とポリティカル・エコロジーの視点から指摘する。結論ではアニミズムが再評価され、脱成長を新たな環境哲学として発展させる必要が説かれる。ヒトとモノの存在論的分断を乗り越えようとする著者の視線は、コロンビア出身の人類学者アルトゥーロ・エスコバルの提唱する関係的存在論（relational ontology）に通底する。[14]

結論に代えて

本書の六つの章をまとめるこの結論的覚書では、脱成長の思想がカタツムリの二つの知恵のメタファーによって要約される。第2部を通じて脱成長が提唱する再ローカル化は場所論の視座から議論されてきたが、ここでは時間論の視座から新たに考察しなおされている。地域の関係性に埋め込まれた具体的な時間感覚は、近代の抽象的で単線的な時間概念に置き換わった。消費社会のグローバル化と加速化がもたらす破局的未来に対して、脱成長は時間を地域の関係のなかに再び埋め込む。この短い論考で示唆される「時間論としてのローカリズム」は、内山節の関係的時間の考察と響き合うものがある。[15] ちなみに次作『脱成長がもたらす働き方の改革』では、時間は労働の文脈で考察し直されている。

エピローグ

新型コロナウイルス感染症（COVID-19）の流行に関する省察。冒頭に記されているように、エピローグの初出原稿は二〇二〇年春の流行第一波の時期に執筆された。感染症の影響に関する統計データに関しては当時のものが反映されていることに読者は留意されたい。この論考で著者は、感染症の影響を社会哲学および長期的な社会デザインの観点から考察している。感染症への政治的対応として、社会契約論の相補的な原理である「諸個人の富裕化」（ロックの所有権思想）と「生命の安全」（ホッブスの国家秩序形成論）のバランスが後者に傾いたとする著者の見解は興味深い。生命の安全を名目に国家による諸個人の自由の制限が正当化されることへの批判的眼差しは、イタリアの哲学者ジョルジオ・アガンベンのロックダウン政策批判と共振する。(16) 著者はさらに考察を進め、医療の逆生産性やグローバル化したサプライ・チェーンの脆弱性を指摘する。そしてグローバル化した消費社会の隘路から抜け出すための道として脱成長の再ローカル化戦略を提示する。だが、その未来予測は決して楽観的ではない。著者は、コロナ後に欧州連合が経済成長主義に回帰すると現実主義的な見立てをしており、脱成長をユートピアの地平として維持する必要を強調して論考を締め括る。

四．翻訳について

翻訳にはフランス語原書の初版を用いた。原文に忠実な翻訳に努めたが、構文的に入り組んでいる文は関係代名詞の前後で分けたり、文節を抜き出して独立した文章として訳出したりするなど、工夫を凝らした。

また、著者が参照する文献資料のうち入手可能なものには可能な限りあたり、既訳書や原書（英語、イタリア語、ドイツ語、ラテン語など）を確認した上で訳文を検討した。引用元の文献情報や頁番号に明らかな誤記や誤植がある箇所は、適宜修正を加えた。誤記があった文献のうち、正しい資料が二つ以上存在する場合、訳註で訂正の判断基準などを記した。

本書は本文と同程度に原註が重要な役割を果たしている。読者には、本文と原註を繰り返し往復しながら著者の多面的な思考を味わっていただきたい。だがそれでもやはり、思想史的な文脈や言葉のニュアンスを摑むのに苦労する個所が少なからず存在するだろう。そこで訳註では、著者が用いるフランス語のニュアンスや文中で言及される論者の思想的立ち位置などに関して、できうる限りの説明を施した。読解の手引きとされたい。

最後に。本書の翻訳に際して、翻訳技術を学び直す機会を得た。近年出版された他の翻訳書と原書（フランス語、ラテン語など）を対照させ、見開きノートに原文と訳文を書き写して翻訳の手法や訳語を分析する作業を行なった。学びを得た書籍はいくつかあるが、マルセル・モース著『贈与論』（森山工訳、岩波文庫、二〇一四）、アウグスティヌス著『神の国（上）（下）』（金子晴男ほか訳、教文館、二〇一四）には特に感銘を受けた。この二冊の素晴らしい訳書との出会いに感謝したい。ラトゥーシュの著作はすでに何冊か手掛けたが、過去の著作と重複する文章に関しても、これまでとは違うタッチで訳文のデッサンと色づけができたと思う。読者に楽しんでいただければ幸甚である。

註

（1）Rosi Braidotti, *Transpositions*, Cambridge: Polity, 2006, p.177

（2）中野佳裕「〔解説〕労働と脱成長――気候変動・パンデミック・戦争の狭間で」（セルジュ・ラトゥーシュ著『脱成長がもたらす働き方の改革』白水社、二〇二三年）

（3）邦訳は『〈脱成長〉は、世界を変えられるか？　贈与・幸福・自律の新たな社会へ』中野佳裕訳、作品社、二〇一三年。日本語版付録として、デジタル技術による出版文化の変容とウィリアム・モリスの社会主義思想をそれぞれ考察した論考も収録している。

（4）初期の著作『脱成長の賭け（未邦訳）』（Serge Latouche, *Le pari de la décroissance*, Paris, Fayard, 2006）、『穏やかな脱成長についての小論』（Serge Latouche, *Petit traité de la décroissance sereine*, Paris, Mille et une nuits, 2007）〔邦訳は、『経済成長なき社会発展は可能か？』中野佳裕訳、作品社、二〇一〇年に所収〕では、「持続可能な（soutenable）」「自律的な（autonome）」「コンヴィヴィアルな（convivial）」という形容詞で脱成長社会の理想像が表現されていた。

（5）このときの講演原稿は、マルク・アンベール、勝俣誠編『脱成長の道』（中野佳裕訳、コモンズ、二〇一一年）に収録されている。同書では「簡素な豊かさ」と訳されている。

（6）例えば、Serge Latouche, *Bon pour la casse : les déraisons de l'obsolescence programmé*, Paris, Les Liens qui libèrent, 2012, p. 10.

（7）フランス語の La convivialité の解釈については、セルジュ・ラトゥーシュほか、レンヌ大学名誉教授のマルク・アンベール氏から多くの知見を得た。

（8）マーシャル・サーリンズ『石器時代の経済学』山内昶訳、法政大学出版局、一九八四年（原題：Marshall Sahlins, *Stone Age Economics, London* : Routledge, 1972）。英語原書は、二〇一七年に弟子の人類学者デヴィッド・グレーバーの序文つきでラウトレッジ社から再版された。本解説の執筆にあたっては、二〇一七年版を用いた。

(9) 山内昶氏の訳に依拠している。直後のフランス語論文のタイトルも同様。

(10) Marshall Sahlins, *Âge de pierre, Âge d'abondance : l'économie de la société primitive*, Paris, Gallimard, 1976. フランス語版の題名を直訳すると、『石器時代、豊かな時代——原始的な社会の経済について』となる。

(11) 例えば、ジャン・ボードリヤール『消費社会の神話と構造〔新装版〕』（今村仁司、塚原史訳、紀伊國屋書店、二〇一五年）（原題—Jean Baudrillard, *La Société de consommation*, Paris, Denoël, 1970）。

(12) Majid Rahnema et Jean Robert, *La puissance des pauvres*, Paris, Actes Sud, 2008. 拙著『カタツムリの知恵と脱成長』（コモンズ、二〇一七年）第二章も参照されたい。

(13) 英医学誌『ランセット（The Lancet）』誌上でロバート・ホートン等によって提唱された概念。従来の公衆衛生概念を再フレーミングし、人間の健康の維持のために地球生態系の健康を維持する必要性を主張。消費主義文明から持続可能な文明への移行を提案している。例えば、Robert Horton, et. al. 'From Public to Planetary Health : a manifesto', *The Lancet*, Vol. 383, March 8, 2014, p.847 を参照されたい。

(14) Arturo Escobar, 'Sustainability: Design for the Pluriverse', *Development*, 54(2), pp. 137-140. 関係的存在論に基づく社会デザインの理論書として、アルトゥーロ・エスコバル『多元世界に向けたデザイン——ラディカルな相互依存性、自治と自律、そして複数の世界をつくること』（水野大二郎、水内智英、森田敦郎、神崎隼人監修、ＢＮＮ、二〇二四年）がある。

(15) 内山節『内山節著作集・第九巻　時間についての十二章』農山漁村文化協会、二〇一五年。

(16) アガンベンが出版社クオドリベットのウェブサイトに寄稿した下記の論考が参考になる。その後も彼はワクチン接種やワクチン・パスポートの義務化に孕む権力の問題について議論を続けている。Giorgio Agamben 'L'invenzione di un'epidemia' *Quodlibet*, 16 Febbrio, 2020 (https://www.quodlibet.it/giorgio-agamben-l-invenzione-di-un-epidemia) ; 'Contagio' *Quodlibet*, 11 Marzo, 2020 (https://www.quodlibet.it/giorgio-agamben-contagio) ; 'Chiarimenti' *Quodlibet*, 17 Marzo, 2020 (https://www.quodlibet.it/giorgio-agamben-chiarimenti).

＊本書の制作にあたって科学研究費「惑星的な課題とローカルな変革」（20H00047）の助成を受けた。

訳者あとがき

単著『カタツムリの知恵と脱成長』で触れていることだが、私が資本主義や消費社会に疑問を持ち始めたのは、十代の前半である。実家の店頭に並ぶ和菓子に価格が付けられて売られる姿を見たとき、家業の歴史や技術の身体性が商品世界から疎外される感覚を得たからだ。それ以来、商品や貨幣の持つ力に翻弄されない生き方を模索するようになった。実はその頃の私は、言語に対しても疎外感を持っていた。おそらくその感覚は経済に対するもの以上だっただろう。言葉を話しながら言葉から自己自身がどこまでも離れていく感覚。この世界に言葉と共に在りながら、どこかそのなかに統合されていない感覚。言葉による疎外と商品による疎外が重なった。言語学と経済学を学ぼうと思った原体験である。

今回の翻訳は、それだけに楽しい作業だった。一九七〇年代から言語学・人類学・精神分析学を用いて経済学批判を行なってきた著者の「らしさ」がよく表われている一冊だと思う。著者の書く文章には、どこか絵画の制作に似た筆致と色彩感覚がある。はたしてその色調を訳文でうまく表現できたかはわからない。言葉というものは実に奥深いものである。フランス語と日本語の間を往来しながら、言葉が与える音や色のイメージに浸る時間を楽しんだ。彫刻作品を作るように言葉を彫って形にする過程は、苦労も多い。だが、その苦労から得られる楽しみを知れば、翻訳や執筆を人工知能に任せることなどできない。

幸い、著者の複雑な思考と文章は、（今のところ）人工知能では翻訳できそうにない。まだもう少し、浅学菲才の私ができる仕事はあるようだ。本書制作の最中に出会った数々の書物、そして楽譜に感謝したい。日常の散文的な言葉の世界に息苦しくなったとき、楽譜の奏でる音の世界は、いつでも私を自由にしてくれた。そして、本書のフランス語もまた、それと似た自由を私に与えてくれた。

謝辞

白水社編集部の和久田頼男さんには企画から完成まで伴走していただき、貴重な助言をいただいた。厚く感謝申し上げる。

脱成長と
食と幸福

2024年 8月15日　印刷
2024年 9月10日　発行

著　者　セルジュ・ラトゥーシュ
訳　者©　中野佳裕
発行者　岩堀雅己
発行所　株式会社白水社
電話　03-3291-7811（営業部）7821（編集部）
住所　〒101-0052 東京都千代田区神田小川町3-24
www.hakusuisha.co.jp
振替　00190-5-33228
編集　和久田頼男（白水社）
装丁　奥定泰之
印刷　株式会社三陽社
製本　加瀬製本
乱丁・落丁本は送料小社負担にてお取り替えいたします。

ISBN978-4-560-09122-7
Printed in Japan

訳者略歴　中野佳裕[なかの・よしひろ]

PhD（英サセックス大学）。専門は社会哲学、グローバル・スタディーズ、社会デザイン学。

立教大学社会デザイン研究科特任准教授。

単著に『カタツムリの知恵と脱成長――貧しさと豊かさについての変奏曲』（コモンズ、2017年）、共編著に『21世紀の豊かさ――経済を変え、真の民主主義を創るために』（コモンズ、2016年）など。訳書にセルジュ・ラトゥーシュ著『脱成長』（白水社文庫クセジュ、2020年）、『脱成長がもたらす働き方の改革』（白水社、2023年）、ステファーノ・バルトリーニ著『幸せのマニフェスト――消費社会から関係の豊かな社会へ』（コモンズ、2018年）、セルジュ・ラトゥーシュ著『〈脱成長〉は、世界を変えられるか？――贈与・幸福・自律の新たな社会へ』（作品社、2013年）、ジャン=ルイ・ラヴィル編『連帯経済――その国際的射程』（北島健一・鈴木岳との共訳、生活書院、2012年）、セルジュ・ラトゥーシュ著『経済成長なき社会発展は可能か？――〈脱成長〉と〈ポスト開発〉の経済学』（作品社、2010年）など。

註記

〔原註〕

序章

［1］ René Char, *Recherche de la base et du sommet*, Paris, Gallimard, 1965, p. 115.（訳文は、「基底と頂上の探求」『ルネ・シャール全集』吉本素子訳、青土社、2020年、578頁）

［2］ ペッレグリーノ・アルトゥージ（1820-1911）は、最も有名なイタリア料理研究書を著わした著述家である。イタリア出身のこの著名な料理研究家の名前にちなんだ賞を筆者に授けたフォルリンポポリ市（アルトゥージの生まれ故郷）の審査員は、間違ってなかった。この審査員は、アルトゥージの代表作『食の科学および美味しく食べる技法（*La Scienza in cucina e l'Arte di mangiar bene*）』と脱成長の関係を理解していた。アルトゥージの生前、この本は数えきれないほどの増版を繰り返した。イタリアの貧しい人々が所有していた唯一の書物であり、彼らは数世代にわたってこの本を通じて読むことを学んだ。つまり、この本は、あらゆる社会階級にとって有用なレシピを提供している。そして（間違いなく）知らないうちに、簡素に生きる技法の思潮の一部となった。

［3］ Étienne Helmer, *Épicure ou l'économie du bonheur*, Neuvy-en-Champagne, Le Passager clandestin, coll « Les précurseurs de la décroissance », 2013を参照されたい。

［4］ Maurizio Pallante, *La Décroissance heureuse. La qualité de la vie ne dépend pas du PIB*, Namur, Nature et progrès, 2011.

[5]　ラテン語のベアイタース（*Beatus*）は、望みをかなえている人の想像力の状態を示している。一方でフェリークス（*felix*）は一時的な快楽を得ようとする心の在り方を指す。ベアティチュード（*Beatitudo*）は、フランス語でボヌール（*bonheur*）と翻訳されることもあるが（例えば、Dictionnaire de De Wailly）、宗教的な意味での幸福を意味する神学用語として使われる。イタリア語ではベアティテュディーネ（*beatitudine*）と訳され、「心の喜び（*godimento interiore*）」という意味になる。

[6]　「同相写像的均等（Les équivalents homéomorphiques）とは、〔ある言葉が生じた文化圏と別の文化圏との間で〕文字通りの翻訳を行なうということではない。ましてや本来の言葉が果たすと考えられる役割を単に翻訳するというのでもない。同相写像的均等は、哲学の（想定される）役割と均等の（つまり類似の）機能を果たすことを目指す。したがって問題となるのは概念的な均等ではなく、機能的な均等である。つまり第三次の類似（アナロジー）が重要なのだ。同一の機能を模索するのではない。オリジナルの概念が果たす機能と同等の／類似する機能を、対応するコスモビジョンのなかで探すのだ」（Raimon Panikkar, « Religion, philosophie et culture », *InterCulture*, no 135, 1998, p. 104）。

[7]　Tim Jackson, *Prospérité sans croissance*, Bruxelles, De Boeck, 2010.（邦訳：ティム・ジャクソン『成長なき繁栄：地球生態系内での持続的繁栄のために』田沢恭子訳、オーム社、2012年）

[8]　Wolfgang Sachs (dir.), *The Development Dictionary*, Zed Books, 1992.（邦訳：ヴォルフガング・ザックス編『脱「開発」の時代――現代社会を解読するキイワード辞典』三浦清隆他訳、晶文社、1996年）

第1部　脱成長、および幸福の逆説

[1]　本書第1部は、2015年5月にイエナ大学で開催された学会における報告論文「良き生の不運：近代と脱成長の狭間で――ボヌールからブエン・ビビールへ」および拙著『消費社会から抜け出すために』（*Sortir de la société de consommation*, Paris, Les liens qui libèrent, 2010）〔邦訳は『〈脱成長〉は、世界を変えられるか？』中野佳裕訳、作品社、2013年〕の第3章「贈与の精神、幸福の経済、脱成長」を発展させたものである。

［1］　サン＝ジュストの演説の抜粋を集めた下記の文献から引用。Saint-Just, *On ne peut pas régner innocemment*, Paris, Mille et une nuits, 1996, p. 61.

［2］　カミーユ・タロの以下の優れた論文を参照されたい。Camille Tarot, « Christianisme et inconditionnalité », *Revue du MAUSS*, vol. 1, no 7, 1996, p. 338-365.

［3］　ディドロ編纂の『百科全書』〔初版第８巻〕所収の論文「幸せ（Heureux, heureuse, heureusement）」には、「快楽（プレジール）は幸福（ボヌール）よりも長続きせず、幸福は至福（フェリシテ）よりは長続きしない」と説明されている（Christophe Salaün, *L'Art du bonheur, selon les philosophes*, Paris, Mille et une nuits, 2013, p. 77 から引用）。『百科全書』でディドロは「完全な至福、幸福、至福（Béatitude, bonheur, félicité）」という論文を編纂しており、その中で次のように述べている。「幸福（ボヌール）は多くの財産に恵まれている裕福な人間を指す。至福（フェリシテ）は、自分が得ているものに満足している人間のことである。 完全な至福（ベアティチュード）は死後の生においてわれわれを待っているものである。さまざまな財から得られる享楽（ジュイサンス）は至福をもたらす。これらの財を所有すれば幸福がもたらされる。完全な至福は忘我の境地や恍惚感を覚醒させる。この感覚は、幸福においても、この世で得られる至福においても経験されることはない」（*ibid*., p. 49）。

［4］　この点について、ガンディーは正しかった。「幸福〔ガンディーの英語原文では happiness〕とは、最大多数の人々の繁栄のことだ。英語の〈ハッピネス〉が意味するのは物質的に満たされた生活、つまり経済的繁栄である」（Gabriella Maria Calderaro, *Sarvodaya. Un'economia a servizio degli ultimi*, Pise, Centro Gandhi edizioni, 2016, p. 18）。

［5］　Jacques Ellul, *Pour qui, pour quoi travaillons-nous ?*, Paris, La Table ronde, coll. « La petite vermillon », 2013, p. 183. この後にエリュールは「だが、サン＝ジュストの判断には誤りがあった。というのも、2500 年前から幸福（ボヌール）という考えはよく知られており、人々は幸せを意識的に求めていたのだ」と述べているが、この見解は間違っていると私には思われる。エリュールは、普遍主義的で歴史超越的な「良き生」の概念に囚われたままである。彼は手段の変化が

起こったことを的確に把捉したが、マクルーハンが述べたような「メディアはメッセージである」という点を見ていなかった。

[6] *Rapport fait au nom de la commission chargée de l'examen des papiers trouvés chez Robespierre et ses complices*, par E. B. Courtois, député du département de l'Aube, dans la séance du 16 nivôse, an III de la République, une et indivisible, Imprimerie nationale, p. 5. この報告書の著者は当時の状況を次のように詳しく解説している。「公共の幸せが個人の幸せのさまざまな要素によってしか構築されないということを、フランス革命期の人々は忘れていた。彼らは公共の幸せを創出するために個人の幸せを犠牲にした。つまり、人間を一般的存在として幸せにするために、その特殊性においては不幸に慣れるようにしたのである」。

[7] Voltaire, *Dictionnaire philosophique*（ヴォルテール『哲学辞典』）。Jean-Claude Michéa, *La Culture de l'égoïsme, Christopher Lasch et Cornelius Castoriadis*, Paris, Climats, 2012 p. 69 から引用。以下は、ジャン＝クロード・ミシェアが言及しているヴォルテールの文章を『哲学辞典』（1764 年刊）所収の論文「小麦（Blés）」から正確に引用したものである。「1750 年頃、詩、悲劇、喜劇、オペラ、小説、ロマネスクな物語、さらにロマネスクな道徳的反省録、恩寵や痙攣に関する神学論争にうんざりした国民はついに小麦を論じはじめた」（訳文は、ヴォルテール『哲学辞典』高橋安光訳、法政大学出版局、1988 年、434 頁）。

[8] 「すべての人間は平等に造られ、創造主によって、一定の不可侵の諸権利を付与されている。そのなかには、生命、自由、および幸福がふくまれる」〔『独立宣言』〕。

[9] Alain de Benoist, *Contre le libéralisme. La société n'est pas un marché*, Monaco, Le Rocher, 2019, p. 62.

[10] J. G. Herder, *Ideen zur Philosophie der Geschichte der Menschheit* (1784-91). イタリア語訳 *Idee per la filosofia della storia dell'umanità*, Bologne, Zanichelli, 1971, p. 64 から引用（訳文は、ヘルダー『人類歴史哲学考　第 1 巻』嶋田洋一郎訳、岩波文庫、2023 年、34-35 頁）。

[11] 「成員の圧倒的大部分が貧困でみじめであるような社会が繁栄し幸福であることは、たしかに、ありえない」（訳文は、アダム・スミス著『国富論 1』水田洋監訳、杉田忠平訳、岩波文庫、2017 年、第 1 篇第 8 章、143 頁）。

[12] Jacques Ellul, *Métamorphose du bourgeois*, Paris, La Table ronde, 1998, p. 93. この点をより良く理解するために、エリュールはさらに次のように述べている。「幸福（bonheur）は、物質的な豊かさ（bien-être）

の観念論的価値である。幸福は物質的な豊かさに形相と栄光を与え、正統化する。だが、この時代の実在論的な人間にとっては、物質的な豊かさがなかったら幸福は嘘と嘲笑の対象でしかない」(p. 94)。

［13］ Olivier Menéndez, *Happytalisme. Vers une société du bonheur ?*, Paris, Libre & Solidaire, 2019, p. 13.

［14］ Thomas Robert Malthus, *Principes d'économie politique*, Paris, J.-P. Aillaud, 1820, p. 28.（邦訳：マルサス『経済学原理（上）（下）』小林時三郎訳、岩波文庫、1968 年）

［15］ Thomas Robert Malthus, *Principes d'économie politique*, Paris, Calmann-Lévy, 1969, p. 13.（邦訳：マルサス『経済学原理』前掲書）後続の経済学者と違ってマルサスは、〈経済《エコノミー》〉、〈経済なるもの《エコノミーク》〉と呼ばれる領野が理論による構築物であることをわかっていた。そのことを留意されたい。

［16］ Jan Tinbergen, *Politique économique et optimum social*, Paris, Economica, 1972.

［17］ Jean Gadrey, « De la critique de la croissance à l'hypothèse de la décroissance », *Cahiers français*, no 323 : *Croissance et innovation*, novembre-décembre 2004。同論文は Jean Gadrey et Florence Jany-Catrice, *Les Nouveaux Indicateurs de richesse*, Paris, La Découverte, coll. « Repères », 2005 に収録されている。

［18］ Jean Fourastié, « Niveau de vie », in *Dictionnaire des sciences économiques*, Jean Romeuf (dir.), Paris, PUF, 1958, p. 800.

［19］ 過去に何度も強調した点だが、「最大多数のために」という表現を付け足すことで、近代の預言者たちは双子の逆説的目標を掲げた。というのも、数と幸福を同時に最大化することはできないのである。数と幸福のどちらかを選ばなければならないのだ。

［20］ Max Weber, *L'Éthique protestante et l'esprit du capitalisme*, Paris, Plon, 1964.（邦訳：マックス・ウェーバー『プロテスタンティズムの倫理と資本主義の精神』大塚久雄訳、岩波文庫、1989 年）

［21］ 例えば、Ayn Rand, *La Vertu d'égoïsme* (1964), Paris, Les Belles Lettres, 1993 を参照されたい。

［22］ Charles Robin, *La Gauche du capital. Libéralisme culturel et idéologie du marché*, Paris, Krisis, 2014, p. 34 から引用。

［23］ 栄光の 30 年という例外的な時期を除いて、かの有名なトリクル・ダウン効果は一度として機能したことがなかった。トリクル・ダウン

効果は神話なのだ。だがそれは、自由主義経済思想の核心の一部を成している。

［24］　Georges Perec, *Les Choses. Une histoire des années soixante*, Paris, Julliard, 1965（邦訳：ジョルジュ・ペレック『物の時代／小さなバイク』弓削三男訳、白水社、1978年）および Jean Baudrillard, *Le Système des objets. La consommation des signes*, Paris, Gallimard, 1968.（邦訳：ジャン・ボードリヤール『物の体系：記号の消費』宇波彰訳、法政大学出版局、1980年）

［25］　西洋文明と接触する以前の多くの文化（おそらくはすべての文化）において、理論としての経済はおろか、実践としての経済さえほぼ存在していなかった。幸福（ボヌール）や物質的な豊かさ（ビャン・エートル）という概念は、物質面での発展という問題系（プロブレマティーク）ならびに個人の富裕化という考えと結びついているが、非西洋文化にはこれらの概念もまったくといってよいほど存在しなかった。非西洋諸国の想念を植民地化する試みにおいて、近代性《モデルニテ》を布教する使節団たる開発の専門家たちは、様々な民族がもつ良き生のイメージを懐柔しようとした。そうすることで、経済成長《クロワサンス》（croissance）や発展《デヴロップマン》（développement）という翻訳不能な言葉を、現地の土着の言語のなかに翻訳しようとしたのだ。アフリカのさまざまな社会の土着の言語には、西欧の〈発展〉に相当する言葉は一切存在しない。例えばジンバブエのシンデベレ語で発展は「働くために必要なものを管理すること」という意味になる。シワシヴァク語では「われわれは大地のなかにいて、もう一度立ち上がりたい」。シヤファンビリ語では「前に進もう」。ディンギンピロ語では「生命の探求」。シヴァメルツェラ語では「自分たち自身で作る」。ヴサナニ語では「起き上がるために互いに支え合う」となる（Orlando Fals Borda, 1991, cité par Gudrun Dahl et Gemtchu Megerssa, « The Spiral of the Ram's Horn : Boran Concepts of Development », in Majid Rahnema et Victoria Bawtree, *The Post-Development Reader*, Zed Books, 1997, p. 106）。ジルベール・リストによると「赤道ギニアの先住民ブビ族は、成長と死を同時に意味する言葉を用いる。ルワンダ人は〈歩く〉〈移動する〉という意味の動詞を使って〈発展《ディヴェロップマン》〉という語を作る。その概念のなかには、特定の方向性に関する意味内容は一切含まれない」。彼はさらに続けてこう述べている。「［…］このような意味の隔たりはまったく驚くに値しない。この隔たりは単に、非西洋社会の人々の間では、

社会の再生産は知識と財の継続的蓄積に依存するとは考えられていないということを示している。彼らは、知識と財の継続的蓄積によってより良い未来が作られるとは考えていないのである」(Gilbert Rist, « Processus culturels et développement », 4e conférence générale de l'EADI, Madrid, 1984, p. 6)。例えば、ウォロフ語〔セネガル、ガンビア、モーリタニアに住むウォロフ族の言語〕では、〈首長の声〉を意味する言葉のなかに〈発展〉に相当する意味が見出される傾向がある。イートン語を話すカメルーン人〔イートン族〕は、この点についてもっと明快である。彼らは発展/開発を〈白人の夢〉と表現する。「モシ語〔ブルキナファソとトーゴで話される声調言語。ムーア語とも言う〕には、〈発展〉の比喩《フィギュール》に相当する言葉は存在しない。〈発展〉は、〈(村の)大地の上で身体(私)のためになるように、わたしたちは闘う〉という章句によって最も上手く翻訳される」(Pierre Joseph Laurent, *Le Don comme ruse. Anthropologie de la coopération au développement chez les Mossi du Burkina Faso : la fédération Wend-Yam*, thèse, avril 1996, Louvain, p. 228, publiée sous le même titre, Karthala, 1998)。その頂点に立つのは、間違いなくケチュア語である。ジルベール・リストによると、ケチュア語で〈発展〉は「翌朝に太陽が昇るように楽しく働く」と表現される……。

第2章　富の指標の批判からブエン・ビビールの再発見へ

〔1〕 Jean Gadrey et Florence Jany-Catrice, *Les Nouveaux Indicateurs de richesse, op. cit.*, p.17.

〔2〕 *Ibid.*, p. 18.

〔3〕 Derek Rasmussen, « Valeurs monétisées et valeurs non monétisables (The Priced Versus the Priceless) », *InterCulture*, no 147, octobre 2004 から引用。

〔4〕 Jacques Ellul, *Ellul par lui-même. Entretiens avec Willem H. Vanderburg*, Paris, La Table ronde, 2008, p. 72.

〔5〕 Arnaud Berthoud, *Une philosophie de la consommation. Agent économique et sujet moral*, Villeneuve-d'Ascq, Presses universitaires du Septentrion, 2005, p. 38.

〔6〕 Jean Baudrillard, *Entretiens*, Paris, PUF, 2019, p. 84.

〔7〕 真の進歩指標(GPI)の算出法は以下の通り。GPI =家計消費+家事

労働サービス＋公的支出（軍事費を除く）－民間の防御的支出〔保険など〕－環境破壊のコスト－自然資本の破壊＋固定資本の形成。

［8］ 例えば、2003年11月18日付のルモンド紙の経済特集欄（*Le Monde Économie*）に「日本経済はより良くなるが、国民はそうではない」という見出しの記事が掲載された。

［9］ Robert E. Lane, *The Loss of Happiness in Market Democracies*, New Haven, Yale University Press, 2000. および Jean-Claude Michéa, *Orwell éducateur*, Paris, Climats, 2003, p. 162 も参照されたい。

［10］ ハッピー・プラネット・インデックスの公式サイト：www.happyplanetindex.org　また、Alessandra Retico, « Felicità. I nuovi paradisi non conoscono il PIL », *La Repubblica* du 8 juillet 2009 も参照されたい。実際には、順位は完全には逆転しない。ロシア、エストニア、コンゴ共和国、ジンバブエ、サハラ以南の多くのアフリカ諸国は下位にランクインしているからだ。

［11］ Romain Huret, *L'Amérique pauvre*, Paris, Thierry Magnier, 2010, p. 64.

［12］ Joseph Stiglitz, *Le Prix de l'inégalité*, Paris, Les liens qui libèrent, 2012（邦訳：ジョセフ・E・スティグリッツ『世界の99％を貧困にする経済』楡井浩一・峯村利哉訳、徳間書店、2012年）およびトマ・ピケティの一連の著作を参照されたい。

［13］ Jean Baudrillard, *La Société de consommation*, Paris, Denoël, 1970, p. 42.（邦訳：ジャン・ボードリヤール『消費社会の神話と構造〔新装版〕』今村仁司、塚原史訳、紀伊国屋書店、2015年、43頁）〔原文の引用範囲に合わせて訳者が訳し直した〕。

［14］ Patrick Viveret, *Reconsidérer la richesse*, La Tour- d'Aigues, L'Aube, 2003.

［15］ 例えば、*La Blessure de la rencontre. L'économie au risque de la relation*, Bruyères-le-Châtel, Nouvelle Cité, 2014 を参照のこと。

［16］ Stefano Bartolini, *Manifeste pour le bonheur. Comment passer d'une société de l'avoir à une société du bien-être* (2010), Paris, Les liens qui libèrent, 2012.（邦訳：ステファーノ・バルトリーニ『幸せのマニフェスト――消費社会から関係のゆたかな社会へ』中野佳裕訳、コモンズ、2018年）

［17］ これらの真実は、実証実験によって科学の言語に転換された。その立役者であるダニエル・カーネマンはノーベル経済学賞（2002）を受賞した。カーネマンは、所得が増加すると、同水準の満足度を維持

するために新たな消費を継続的に追い求めなければならなくなるというトレッドミル効果を証明した。オランダのバーナード・ファン・プラーグと英国のリチャード・レイヤードは幸福度の研究を専門とする経済学者であるが、適応効果と満腹感の閾値の分析を通じて同様の結論に達した。

［18］ 「人間の幸せを物質的欲求の満足と一致させるという見方は、人間関係や内面の調和を重視する神経科学によって批判の対象となっている。人間関係や内面の調和は、美、無償性、寛容、創造性と関係しており、人生に意味を与える。所有や消費とは無関係だ」(Fausto Gusmeroli, *Ridiventare primitivi. La saggezza antica ci puo' aiutare a salvare la terra*, Rome, Aracne, 2018, p. 59)。

［19］ Luigino Bruni, *La Ferita dell'altro. Economia e relazioni umane*, Trente, Il Margine, 2007, p. 42.

［20］ Jacques Ellul, *Métamorphose du bourgeois, op. cit.*, p. 93.

［21］ Philippe d'Irribarne, *La Politique du bonheur*, Paris, Seuil, 1973. イタリア人は〔フランス人よりも〕もっと積極的に至福（フェリシテ）を語る。逆説的に思えるかもしれないが、アングロ・サクソン人もそうだ。しかし、ロバート・E・レーンによると、英語の「ハッピネス」は主観的な幸福感として認知されている。他方でフランス語の「ボヌール」は、〔公共の幸せを志向する点で〕個人主義の克服を含意する。つまり、経済学のパラダイムを審問するのだ。

［22］ ルイジーノ・ブルーニは次のように述べる。「（商品や権力を自発的に手放すという意味での）ある種の清貧（pauvreté）がなければ、幸福（ボヌール）や至福（フェリシテ）は得られないと私は確信している。つまり、自らの意志で選択する貧しさ＝清貧のことだ。この貧しさの傷跡に、神の祝福がもたらされるのだ」(Luigino Bruni, *La ferita dell'altro. Economia e relazioni umane, op. cit.*, p. 179)。ただし、この自己制御が影響力をもつには、個人の選択としてだけでなく、集合的／社会的企てとして実践しなければならない。

［23］ ジャン・ギャドレとフロランス・ジャニ＝カトリスは次のように述べている。「富や進歩に関して厳密的には経済学的ではない視座を守る際、自分たちの研究が理解されるためには、経済学の範疇の外にあるあらゆる変数を経済学的に価値づける作業が必要だという考えがある。だが、われわれはそのような考えには賛同しない。それは矛盾しているように見える。なぜなら、経済学を至高の価値として絶

対視することになるからだ。また、公正さ、社会的紐帯あるいは環境のためになる政策を正当化する際の信頼に値する手段として、経済学を絶対視することにもつながるからだ。ボランティア活動――つまり贈与――とその社会的貢献を貨幣価値で測ることは、望もうと望むまいと、市場を準拠枠として測ることになる。それは、商品経済の価値以外の諸価値が主流になれないことを認めるようなものだ」(Jean Gadrey et Florence Jany-Catrice, *Les Nouveaux Indicateurs de richesse, op. cit.*, p. 49)。

[24] 「この点についてもっとはっきりと言いましょう。自由を手に入れるために払うべき代償は何か。それは、社会の中心的価値――事実、唯一の価値――である経済の破壊です。その代償はそんなに大きいものでしょうか？　わたしにはまったくそうには思えません。わたしが無性に欲しいのは、新車よりも新しい友人です。もちろん、これは主観的な選好です。ですが、「客観的な」選好とは何でしょうか？　(疑似的な) 消費を最高の価値として「確立」させる仕事は、政治哲学者たちに喜んで任せることにします」(Cornelius Castoriadis, *Démocratie et relativisme. Débat avec le MAUSS*, Paris, Mille et une nuits, 2010)。

[25] Cimade, « Quand l'Afrique posera ses conditions », dossier pour un débat no 67, septembre 1996, Fondation pour le progrès de l'homme, p. 43. 村人たち全員で新しい小屋の煉瓦ブロックの上に唐帽子屋根を設置する行為は、共同体のなかの調和をイメージさせる。「共に存在すること」を象徴する行為である。

[26] Françoise Morin, « Les droits de la Terre-Mère et le bien vivre, ou les apports des peuples autochtones face à la détérioration de la planète », *Revue du MAUSS*, no 42 : *Que donne la nature ? L'écologie par le don*, second semestre 2013, p. 321-338 からの引用。G. De Marzo, *Buen vivir. Per una nuova democrazia della terra*, Rome, Ediesse 2009 も参照されたい。

[27] *Ibid.*, p. 332.

[28] *Ibid.*, p. 333. フランソワーズ・モランは最後に以下のように述べている。「他の先住民の言葉にも、「ブエン・ビビール (善く生きる)」に相当する観念が確認される。例えば、ボリビアのグワラニ族の「ニャンデ・レコ (*ñande reko*)」という表現がそうだ。その他には、チリのマプチェ族は、「クンメ・モンゲン (*künme mongen*)」という表現を使

う。エクアドルのシュアール族は、自然との均衡など、調和のある生活を意味する「シーア・ワラス（*shiir waras*）」という概念を用いる。ペルーのシピボ・コノボ族は、自立共生や他者との分かち合いを意味する「ジャコナ・シャチ（*jakona shati*）」という概念を用いる。ペルーのエネ川周辺に暮らすアシャニンカ族は、共同体の成員同士および彼らと自然環境を結ぶ過程を象徴する「カメッサ・アサイケ（*kametsa asaike*）」という表現を用いる。北米でも、一部の先住民族の言語のなかに「ブエン・ビビール」に通じる考えが確認される。特にクリー・インディアンがそうだ」（*ibid*., p. 333-334）。

［29］ 周知の通り、その後、約束は裏切られた。残念なことだが、これはほぼすべての革命が辿る道であるように思われる。それでもやはり、世界の西洋化／経済学化に対する異議申し立てがなお根強いことには変わりない。

［30］ 「未開社会では、〔…〕構造論的にいって、〈経済《エコノミー》〉は実在していないのだ」（Marshall Sahlins, *Âge de pierre, âge d'abondance. L'économie des sociétés primitives*（1972), Paris, Gallimard, 1976, p. 118）（邦訳：マーシャル・サーリンズ『石器時代の経済学』山内昶訳、法政大学出版局、1984年、90頁。訳文は、著者が引用するフランス語訳に合わせて修正した）。ルイ・デュモンは「人間が経済と呼ばれる対象を構築するその瞬間まで、外的現実において経済に似通った対象は決して存在しない」と述べている（Louis Dumont, *Homo aequalis*, Paris, Gallimard, 1977, p. 33）。

［31］ Jean Baudrillard, *La Société de consommation, op. cit*., p. 83-87.（訳文は、ボードリヤール『消費社会の神話と構造〔新装版〕』前掲書、84 − 88頁）

［32］ *Revue de l'Internationale situationniste*, no 5, 1960, p. 7-8.

［33］ Ivan Illich, *Le Chômage créateur*, Paris, Seuil, 1977, p. 87-88.

［34］ ジャック・エリュールは適切に次のように述べている。「節制の無理強いを選択するのか、それとも簡素な生活が社会で広く共有されるのを選択するのか。前者は好ましくない情勢によって強要され、不平等な結果をもたらす。後者はより大きな自由を求め、物財の消費を減らす選択から生じ、自発的に組織される。節度ある豊かさのなかでは、生活基本財の消費は増大するだろう。これはイタリア共産党が提唱する〈革命的節制〉の考えに通じるものだ」（Jacques Ellul, *Pour qui, pour quoi travaillons-nous ?, op. cit*., p. 213）。「節度ある豊かさ」というこの考えは、イタリア共産党書記長エンリコ・ベルリンゲルが推奨した〈革命的節制〉というアイデアに由来し、ジャン゠バ

ティスト・ド・フーコーとジャック・エリュールを介してフランスに紹介された。ベルリンゲルは、1977年にイタリア共産党をこの方向に導こうとしたが、失敗した。詳細は Giulio Marcon, *Berlinguer. L'austerità giusta*, Milan, Jacabook, 2014 を参照されたい。社会民主主義的志向をもつ思想団体「Échange et Projets」の代表ジャン＝バティスト・ド・フーコーは選択的時間制度《ル・タン・ショワジ》の推進者だった。彼は次のように述べている。「もっと自由な時間の使い方に関して、わたしたちの価値と行動を再調整する概念をあえてひとつ提案する必要があるのだとすれば、〈節度ある豊かさ〉ということになります。これは、危機への応答としてイタリア共産党が提唱している〈革命的節制〉のフランス語版であり、エコロジー的側面を最も強く表現する概念だといえるでしょう」(Jean-Baptiste de Foucauld, *La Révolution du temps choisi*, Paris, Albin Michel, 1980, p. 106)。彼はさらに続ける。「問題は、努力に根拠を与え可能にするストア主義と努力に報酬を与えるエピクロス主義の間に新たな均衡を見出すことです。[…] ストア主義は世界との交わり《コミュニオン》を目指し、エピクロスは倹しく生きていました」(*ibid*., p. 107)。ド・フーコーにとっても、節度ある豊かさは、マーシャル・サーリンズが論じていた新石器時代の豊富な社会への回帰を意味していただろう。ただし、経済学的な視点から修正されたものとして。ド・フーコーが詳述するに、「労働時間を制限するという考えはさほど新しいものではないことに留意されたい。これまで原始的社会あるいは前近代的社会は限られた時間しか労働していなかった。いまだにそうである。これらの社会の場合、不完全雇用について常に語らなければならないかはわからない。否、むしろ語るべきは、ある種の経済的かつ社会的な均衡形態に関してではないだろうか。つまり、不必要な生産活動を自主的に制限することで生まれる均衡である。したがって、労働時間の自由な選択が発展すれば、ある種の回帰＝革命（レヴォルシオン）が起こることになるだろう。天体がその起源に戻るという意味でのレヴォルシオンのことだ」(*ibid*., p. 185)。

[35] この点についてルイジーノ・ブルーニの素晴らしい著作を参照されたい。Luigino Bruni, *L'Ethos del mercato. Un'introduzione ai fondamenti antropologici e relazionali dell'economia*, Milan, Mondadori, 2010.

[36] Philippe Chanial, *La Délicate essence du socialisme. L'association, l'individu et la République*, Paris, Le bord de l'eau, 2009, p. 35からの引用。

［37］ Maurizio Pallante, *La Décroissance heureuse, op. cit*.

［38］ Judith Butler, *Qu'est-ce que la vie bonne ?* (2014), Paris, Rivages, coll. « Petite Bibliothèque », 2020.

［39］ Françoise d'Eaubonne, *Écologie, féminisme. Révolution ou mutation ?*, Paris, Éditions A.T.P., 1978, p. 72. また、Caroline Goldblum, Françoise d'Eaubonne et l'écoféminisme, Paris, Le passager clandestin, 2019も参照されたい。

［40］ Jean Giono, *Que ma joie demeure*, Paris, Grasset, 1935.（邦訳：ジャン・ジオノ『喜びは永遠に残る』山本省訳 河出書房新社 2001年） バッハのコラールの曲名のフランス語訳は、ドイツ語原題の見事な誤訳の結果である。ドイツ語原題は命令法ではなく直接法で表現されている（文字通りの訳は、「我が喜びはイエス・キリストの中に残る」)。

第２部 美食、ジャンクフード、脱成長

［1］ 拙著『脱成長の賭け（未邦訳）』(Serge Latouche, *Le Pari de la décroissance*, Paris, Fayard, 2006）の第６章から第11章まで、そして『穏やかな脱成長についての小論』(*Petit traité de la décroissance sereine*, Paris, Mille et une Nuits, 2007)（邦訳は、セルジュ・ラトゥーシュ著『経済成長なき社会発展は可能か？〈脱成長〉と〈ポスト開発〉の経済学』中野佳裕訳、作品社、2010の第２部に所収）の第２章と第３章を参照されたい。

第３章 脱成長は食生活をどのように変えるか？

［1］ Rのリストを延長することが可能だ。急進化（radicaliser)、配置転換／再変換（reconvertir)、再定義（redéfinir)、規模の再調整（redimensionner)、改造する（remodeler)、再考（repenser）など。だが、これらのRはみな、大なり小なり最初の８つのRのなかで含意されている。経済成長のプラスの効果を経験していない南側諸国に関しては、特定の開発の在り方を問うことになる。この点については、先に言及した拙著のなかで議論されている。

［2］ マジード・ラーネマの素晴らしい著作を読まれたい。Majid Rahnema, *Quand la misère chasse la pauvreté*, Arles, Acts Sud, 2004. また、イリイチの著作では、〈貧困の現代化〉と伝統社会の倹朴な／質素な生活（pauvreté ／ sobriété）が対比されている。

[3] Yona Friedman, *L'Architecture de survie. Où s'invente aujourd'hui le monde de demain*, Paris, Casterman, 1978, p. 89.

[4] *Ibid.*, p. 89.

[5] Guy Jacques, *Virer de bord. Plaidoyer pour l'homme et la planète*, Paris, L'Harmattan, 2011, p. 111.

[6] « Pour une société de décroissance », *Le Monde diplomatique*, novembre 2003.

[7] Entretien avec Gilles Rotillon, in « L'économie de l'environnement définit un espace de négociation rationnel », *Cosmopolitique*, no 13, 2006, p. 91.

[8] Fabrice Nicolino et François Veillerette, *Pesticides, le scandale français*, Paris, Fayard, 2007.

[9] Claude Thélot et Olivier Marchand, *Le Travail en France, 1800-2000*, Paris, Nathan, 1997.

[10] Bernard Maris, *Antimanuel d'économie, t. II : Les cigales*, Paris, Bréal, 2006, p. 182.

[11] François Flahaut, *Le Paradoxe de Robinson. Capitalisme et société*, Paris, Mille et une nuits, 2005, p. 151.

[12] Jean-Paul Besset, *Comment ne plus être progressiste... sans devenir réactionnaire, op. cit.*, p. 254.

[13] 100名以上の専門家で構成されるアソシエーション。フランスの温暖化ガス排出量を2050年までに現行水準の4分の1まで削減する可能性について研究している。手段としては、エネルギー節約（浪費の削減）とエネルギー効率性（エネルギー・リターンの向上）を組み合わせる方法を提唱している。

[14] Nicolas Hulot, *Pour un pacte écologique*, Paris, Calmann-Lévy, 2006, p. 254. また、フランスの緑の党は、2007年の国政選挙の政策案のなかで公共放送網（テレビ）での広告の禁止を提案していた（Pascal Canfin, *L'économie verte expliquée à ceux qui n'y croient pas*, Paris, Les Petits Matins, 2006, p. 112）。

[15] この最後の点は、カストリアディスの問題関心に通じる。「限度を設定するにはどうすればよいでしょうか？　世俗化した社会の歴史において初めて、われわれは「知識自体の拡大を制御する必要があるのか？」という問いに直面しなければなりません。精神に対する独裁をもたらすことなくこれを為すにはどうすればよいでしょうか？

次に述べる単純な原理を立てることができると私は考えます。原理（1）生産の無制限かつ無分別な拡大は望まない。経済が人間生活の目的になるのではなく、手段になることを望む　原理（2）知識の自由な拡張を望むが、［…］賢慮《プロネシス》を伴わなければならない。」（Cornelius Castoriadis, « L'Écologie contre les marchands » in *Une société à la dérive*, Paris, Seuil, 2005, p. 238）.

［16］　「焼却炉の新規増設と混焼許可の発行に今すぐモラトリアムを設けなければならない」（パリ宣言覚書）。Dominique Belpomme, *Avant qu'il ne soit trop tard*, Paris, Fayard, 2007, p. 257 から引用。

［17］　これはレヴァレッジ効果と呼ばれている。例えば、投機家は 100 ドルの投資で投資銀行から 1000 ドルほど稼ぐことができる。さらにこの 1000 ドルを先物市場に投資して 37 万 5000 ドル稼ぐことが可能だ。ただしこの利潤は、社会の富に対して起こりうるあらゆる収奪行為の結果として獲得されるものである。

［18］　Bernard Lietaer et Margrit Kennedy, *Monnaies régionales. De nouvelles voies vers une prospérité durable*, Paris, Éditions, Charles Léopold Mayer, 2008 を参照されたい。

第４章　脱成長とスローフード

［1］　本章は Carlo Petrini, *Libérez le goût. Liberté et gastronomie*, Paris, Libre et solidaire, 2015 の序文として寄せた原稿に基づいている。

［2］　Jean Anthelme Brillat-Savarin, *Physiologie du goût ou méditations de gastronomie transcendante*, méditation III : De la gastronomie, § 18, Paris, Jean de Bonnot, 1968, p. 57.（邦訳：ブリア＝サヴァラン『美味礼賛：味覚の生理学（上）（下）』関根秀雄・戸部松美訳、岩波文庫、1967 年）

［3］　« Militants de la gastronomie », in *Le Monde diplomatique*, juillet 2006. 実際のところ、この方程式は詩人のウェンデル・ベリーによるものであろう。カルロ・ペトリーニは「耕すことは、食を学ぶ行為《アクト・ガストロノミーク》である」としばしば述べている。一方でシンジア・スカッフィディは、ペトリーニの発言を補完する意味を込めて「買い物に行くのは政治的行為である」と述べていた。Cinzia Scaffidi, *Mangia come parli*, Bra, Slow Food Editore, 2014, p. 58 から引用。

［4］　*Cibo et libertà, op. cit.*, p. 161.

［5］　*Ibid.*, p. 178.

[6]　生物物理学者のクリストフ・ラヴェルは、パリの人類博物館で開催された展示会「我食べる、故に我在り（*Je mange donc je suis*）」（2019-2020）のコミッショナーだった。その彼が、スローフード運動に言及することなく似たような方程式を用いて理想的な食を定義したことは注目に値する。ラヴェルによると、「理想的な食は、楽しみを与え、健康に良く、農家の生計を立てることを可能にし、動物の福祉を尊重しなければならない」（*Libération*, jeudi 7 novembre 2019）。

[7]　Ivan Illich, *Le Genre vernaculaire*, in *Œuvres complètes, t. 2*, Paris, Fayard, 2005, p. 292.（邦訳：イヴァン・イリイチ『ジェンダー――女と男の世界』玉野井芳郎訳、岩波現代選書、1984 年、173 頁）

[8]　カタツムリ（スペイン語では「カラコル」と言う）は、南部メキシコ・チアパスのネオサパティスタ運動のシンボルにもなった。カタツムリの殻（つまり渦）から抜け出した老人は、古代マヤ文明の象徴である。コロンブスの発見以前の中米文化にとってカラコルは、フランス人が知るカタツムリ（フランス語では「エスカルゴ」）とはまったく異なるものだ。中米文化におけるカラコルとは、淡水に生息する軟体動物もしくは海水に生息する巨大な貝のことを指す。したがって、チアパスのカタツムリの殻は、我々が知るカタツムリの殻よりずっと大きい。現地の先住民はその殻を、共同体の集会を招集するための楽器として代々使用してきた。それゆえに、カラコルがネオサパティスタ運動によって解放された領域のなかの自治区（バイオリージョン）（2018 年までに 5 つ、現在では 12 の自治区）を意味するようになったのは、当然だと言ってよい。またジェローム・バシェによると、古代マヤ文明の先住民にとって、カラコルは心臓の形も表わしていた。「カラコルは、心臓のなかに入るもしくはそこから抜け出して世界の中に入ることを可能にする」。「カラコルは、外部に開かれていると同時にその内部を守っている。自分自身と向き合いながら他者にも開かれている。カラコルは内部と外部の豊かな相互作用を象徴している。この象徴主義は、ネオサパティスタ運動が設けた自治区「カラコル」に課せられた大きな使命を理解する手引きとなる」（Jérôme Baschet, *La Rébellion zapatiste*, Paris, Flammarion, coll. « Champs », 2005, p. 283）。脱成長運動、スローフード運動、ネオサパティスタ運動。これら 3 つの社会運動にとって、カタツムリを運動の象徴に選んだ理由は異なるが、三者の間には驚くほど近いものがある。これらの運動におけるさまざまな声と闘争を融合させるシンボルをカタツムリに見るのは、

悪いことではない。

［9］ Carlo Petrini, « Militants de la gastronomie », *Le Monde diplomatique*, juillet 2006.

［10］ その全体像は拙著『穏やかな脱成長についての小論』(Serge Latouche, *Petit traité de la décroissance sereine*, Paris, Mille et une nuits, 2007) の第3部で提示した。(邦訳：セルジュ・ラトゥーシュ『経済成長なき社会発展は可能か？ 〈脱成長〉と〈ポスト開発〉の経済学』第2部第3章)

［11］ Cinzia Scaffidi, *Mangia come parli, op. cit*., p. 102.

［12］ Fabrice Nicolino, Bidoche. *L'industrie de la viande menace le monde*, Paris, Les liens qui libèrent, 2009. ギィ・ジャックによると、「野菜ひとつを生産するには6平方メートルの土が必要である。食肉用の若鳥1羽には53平方メートル、食肉用の牛1頭には266平方メートルの土が必要だ」(Guy Jacques, *L'homme cet animal réussi*, Société des écrivains, 2019, p. 39)。

［13］ ロシアの農学者アレクサンドル・チャヤーノフは、百姓による小規模農業のレジリエンスが驚くほど高いことを分析した。Renaud Garcia, *Alexandre Chayanov, pour un socialisme paysan*, Paris, Le Passager clandestin, coll. « Les précurseurs de la décroissance », 2017 を参照されたい。

［14］ François de Ravignan, *La Faim, pourquoi ?*, Paris, La Découverte, 2009, p. 111 から引用。

［15］ 「おいしい、きれい、正しい」。Carlo Petrini, *Libérez le goût, op. cit*. を参照せよ。

［16］ Cinzia Scaffidi, *Mangia come parli, op. cit*., 2014, p. 87.

［17］ Serge Latouche, « Le revers de la production », *Traverses*, no 12, octobre 1978.

［18］ Patrick Piro, « Gaspillage alimentaire, l'ampleur du scandale », *Politis*, 12 juillet 2012.

［19］ Andrea Segrè, *Last Minute Market. La banalità del bene e altre storie contro lo spreco*, Bologne, Pendragon, 2010. また、André Segré et Luca Falasconi, *Il libro nero dello spreco in Italia : il cibo*, Milan, Ambiente, 2011 および *Il libro blu dello spreco in Italia : l'acqua*, Milan, Ambiente, 2012 も参考になる。

［20］ Patrick Piro, « Gaspillage alimentaire… », *art. cité*.

［21］ Carlo Petrini, Cibo e libertà, *op. cit*., p. 66.

［22］　ラテン語詩で書かれた『サレルノ医学校の健康食』は、16 世紀のエリザベス朝時代の詩人ジョン・ハリントン卿によって英訳された。この羅英バイリンガル版のファクシミリは、2006 年にサレルノ観光局から出版された。

第５章　脱成長と肥満

［1］　Héraclite, *Fragments*, § 141, Paris, Flammarion, coll. « GF », 2018.

［2］　Serge Latouche, *Le Pari de la décroissance, op. cit.*, p. 63 ; et Jean- Paul Besset, Comment ne plus être progressiste... sans devenir réactionnaire, Paris, Fayard, 2005, p. 138.

［3］　Serge Latouche, *Petit traité de la décroissance sereine, op. cit.*, p. 12.（邦訳：セルジュ・ラトゥーシュ『経済成長なき社会発展は可能か？　〈脱成長〉と〈ポスト開発〉の経済学』第 2 部第 3 章、132 頁。原文に合わせて新たに訳し直した）　また、Dominique Belpomme, *Avant qu'il ne soit trop tard*, Paris, Fayard, 2007, p. 258 および *Ces maladies engendrées par l'homme*, Paris, Albin Michel, 2004 も参照されたい。

［4］　Serge Latouche, *Sortir de la société de consommation, op. cit.*, p. 184.（邦訳：セルジュ・ラトゥーシュ著『〈脱成長〉は、世界を変えられるか？』中野佳裕訳、作品社、2013、202 頁。原文に合わせて新たに訳し直した）

［5］　科学誌『Nature Reviews Microbiology』2009 年 9 月（Vol 7, 616）に掲載された、マルセイユのラ・ティモンヌ病院バクテリア学／ウイルス学研究室所長ディディエ・ラウルの報告を参考にされたい。

［6］　Yves Cochet, *Pétrole apocalypse*, Paris, Fayard, 2005, p. 66.

［7］　Gilles Lipovetsky, *Le Bonheur paradoxal. Essai sur la société d'hyper-consommation*, Paris, Gallimard, 2006.

［8］　Bertrand Leclair, *L'Industrie de la consolation*, Genève, Verticales, 1998 を参照のこと。

［9］　Pascal Canfin, *L'Économie verte expliquée à ceux qui n'y croient pas*, Paris, Les Petits Matins, 2006, p. 110.『ドラッグハイ（未邦訳）』（*La Défonce médicamenteuse*, Monaco, Le Rocher, 1996）の著者 J＝L・マクサンスによると、フランスでは毎年 1 億 5000 万箱の精神安定剤が消費されている。

［10］　Dominique Belpomme, *Avant qu'il ne soit trop tard, op. cit.*, p. 211.

［11］　Marco Bobbio, *Giuro di esescitare la medicina in libertà e indipenden-*

za. Medici e industria, Turin, Einaudi, 2004.

第6章　余り物に対処する技術――廃棄物問題

[1]　この章の大部分は、ヨーロッパ・地中海文明博物館（MuCEM）展示会のカタログ『ゴミの生命／廃棄物経済の生活』（*Vies d'ordures/de l'économie des déchets*, Éditions Artlys, 2017）に寄せた拙稿「余り物に対処する技術――30年後の省察」に基づいている。

[2]　Serge Latouche, « Le revers de la production », *art. cité*.

[3]　Cornelius Castoriadis, *L'Institution imaginaire de la société*, Paris, Seuil, 1975.（邦訳：コルネリュウス・カストリアディス『想念が社会を創る――社会的想念と制度』江口幹訳、法政大学出版局、1994年）

[4]　Giles Slade, *Made to Break: Technology and Obsolescence in America*, Cambridge, Harvard University Press, 2006, p. 264.

[5]　*Ibid.*, p. 3.

[6]　Jean Baudrillard, *La Société de consommation, op. cit.*, p. 47-48, fn1.（邦訳：ボードリヤール『消費社会の神話と構造』前掲書、47頁原注2。訳文は既訳書を参考に訳し直した。）

[7]　Ibid., p. 55.（邦訳：ボードリヤール『消費社会の神話と構造』前掲書、54頁。訳文は既訳書を参考に訳し直した）

[8]　その後ローマクラブは、デニス・メドウズの編集で二つの報告書を刊行した。*Beyond the limits. Confronting Global Collapse, Envisioning a Sustainable Future*, Chelsea, Green Publishing, 1992（邦訳：ドネラ・H・メドウズ，デニス・L・メドウズ，ヨルゲン・ランダース著『限界を超えて――生きるための選択』松橋隆治・村井昌子訳、ダイヤモンド社、1992年）および *Limits to Growth : the 30-year Update*, Chelsea, Green Publishing, 2004（邦訳：ドネラ・H・メドウズ，デニス・L・メドウズ，ヨルゲン・ランダース著『成長の限界――人類の選択』枝廣淳子訳、2005年）。

[9]　生物学者22名（主に米国の研究者）の署名による、化学物質の危険性を糾弾する宣言書。

[10]　経済成長によって引き起こされる健康リスクについて警鐘を鳴らすためにベルポム教授が中心となって起草された国際宣言書。

[11]　*Millennium Ecosystem Assessment Report, Living Beyond Our Means : Natural Assets and Human Well-Being*, www.miellenniumassessment.org. 95か国1360名の専門家の研究に基づく国連の報告書。2005年

3月30日にロンドン、ワシントンDC、東京、北京、デリー、カイロ、ナイロビ、ローマ、パリ、ストックホルム、リスボン、ブラジル、サンパウロでプレスリリースが行なわれた。この報告書は、人間の諸活動が生態系の再生能力を破壊した結果、国際社会が2015年に向けて設定した経済・社会・公衆衛生上の諸目標の実現が困難になっていることを明らかにしている。

[12] Christian Comeliau (dir.), « Brouillons pour l'avenir : contribution au débat sur les alternatives », *Nouveaux Cahiers de l'IIUED*, no 13, 2003, p. 161.　および Jean-Pierre Dupuy, *Pour un catastrophisme éclairé. Quand l'impossible est certain*, Paris, Seuil, 2002（邦訳：ジャン゠ピエール・デュピュイ『ありえないことが現実になるとき――賢明な破局論にむけて』桑田光平・本田貴久訳、ちくま学芸文庫、2020年）も参照されたい。

[13] Jean-Pierre Dupuy, *Pour un catastrophisme éclairé, op. cit.*, p. 84-85.（訳文は、ジャン゠ピエール・デュピュイ『ありえないことが現実になるとき――賢明な破局論にむけて』前掲書、111-112頁）

[14] *ibid.*, p. 215.（訳文は、ジャン゠ピエール・デュピュイ『ありえないことが現実になるとき――賢明な破局論にむけて』前掲書、265頁）

[15] Bernard Maris, *Les Cigales, op. cit.*, p. 49.

[16] Vance Packard, *L'Art du gaspillage (The Waste Makers)* (1960), Paris, Calmann-Lévy, 1962, p. 214から引用。

[17] André Gorz, *Capitalisme, socialisme, écologie*, Paris, Galilée, 1991. p. 170.（邦訳：アンドレ・ゴルツ『資本主義、社会主義、エコロジー』杉村裕史訳、新評論、1993年）

[18] Vance Packard, *op. cit*. p. 151から引用。

[19] Alain Gras, « Internet demande de la sueur », *La Décroissance*, no 35, décembre 2006.

[20] このドキュメンタリー映画は、アルテ（Arte）、テレビジョン・エスパニョーラ（スペイン国営放送）、テレビジオ・デ・カタルーニャ（カタルーニャの公共放送）の共同で2010年に製作された。

[21] William McDonough et Michael Braungart, *Créer et recycler à l'infini (Cradle to cradle)*, Paris, Éditions alternatives, 2011.

[22] Franck-Dominique Vivien, *Le Développement soutenable*, Paris, La Découverte, coll. « Repères », 2005, p. 77.

[23] Jean-Paul Besset, *Comment ne plus être progressiste...sans devenir réactionnaire*, Paris, Fayard, 2005, p. 196.

［24］ Piero Bevilacqua, « Il grande saccheggio », Rome, Laterza, 2011, p. 198-201.

［25］ 拙著『どのように世界を再魔術化するか――脱成長と聖なるもの（未邦訳）』（Serge Latouche, *Comment réenchanter le monde. La décroissance et le sacré*, Paris, Rivages, 2019）を参照されたい。

［26］ Alphonse de Lamartine, dans le poème « Milly ou la terre natale ».

結論に代えて――カタツムリの二つの教訓に戻る

［1］ Hartmut Rosa, *Accélération. Une critique sociale du temps*, Paris, La Découverte, 2013（邦訳：ハルトムート・ローザ『加速する社会――近代における時間構造の変容』出口剛司監訳、福村出版、2022年）および *Aliénation et accélération. Vers une théorie critique de la modernité tardive*, Paris, La Découverte, 2012.

エピローグ――パンデミック以後

［1］ このエピローグは、COVID-19パンデミック期に刊行した下記の2つの雑誌向け論考を融合させ、加筆修正を施して完成させた。「コロナウイルスと脱成長」（« Coronavirus et décroissance », *La Décroissance*, no 169, mai 2020）、「再ローカル化」（« Relocalisation », *L'Humanité*, 17 juin 2020）。

［2］ François Jarrige, « Retour sur la grippe “espagnole” », *La Décroissance*, no 168, avril 2020を参照されたい。

［3］ 『ゲベ。人々はすべてを止め、考えた（*Gébé, on arrête tout, on refléchit*）』。このドキュメンタリー映画は、ゲベの漫画『01年』およびジャック・ドワイヨンによるその映画化に捧げられている。

〔訳註〕

序章

❖1　本書第1部の鍵概念である「幸福」には、関連するさまざまなフランス語が登場する。まず「bonheur」の訳について。著者が述べるように、この語はラテン語の「bon augure（幸先が良い）」に由来する言葉であり、運のめぐりあわせで良い結果を得るという意味である（つまり「幸運」）。漢語辞典で調べると、漢字の「幸」がこれに合致する。また「福」は「神から授かる助け」と「幸運」という意味がある。したがって訳語としては「幸福」「幸せ」をあてた。他方で「bonheur」よりも持続する喜びを意味する「félicité」には「至福」を、神学的な含意のある「beatitude」には「完全な至福」という訳語をあてた。「félicité」は「beatitude」が世俗化した語でもあるので、「地上の至福」と「天国での至福」という両者の対応関係がわかるように工夫した。

❖2　フランス語の「idéologie」は、ある時代の社会が採用する観念体系・価値体系といった意味合いがある。マルクス主義的な意味での「虚偽意識」ではないことに留意されたい。

❖3　「bien-être」は18世紀半ばに現われた言葉で、「物質的に充足した生活」およびそのような状態から生じる「安楽、快適さ、ゆとり、満足感」を意味する。英訳すると「material well-being」となる。「物質的な豊かさ」と訳した（一部、文脈によって「経済的安定」「ゆとりある生活」とも訳している）。本書第1部で著者は、フランス語における幸福の観念体系の変容を考察している。精神的な満足感を指す言葉とし

て「bonheur」、物質的な豊かさ（ゆとり、安楽）を示す語として「bien-être」が用いられており、前者の後者への還元、さらには古典派政治経済学による「bien-être」と「bien-avoir（財産、お金の所有）」の同一視を経て20世紀に「一人当たりGDP」概念が誕生するまでの過程が検証されている。

❖4　第四部、定理二十一、証明。訳文は、スピノザ『エチカ』工藤喜作、斎藤博訳、中公クラシックス、2007年、328頁。

❖5　訳文は、パスカル『パンセ』前田陽一・由木康訳、中公文庫、1973年、260頁。

❖6　John Locke, *An Essay Concerning Human Understanding*, 1689, Ch. XXI: Power, §52. 英語原文から直接訳出した。

❖7　「félicité」は「満足させる物事を喜んでいる状態」（*Le nouveau Littré*, edition 2006）あるいは「混じりけのない幸福感」（*Le Petit Robert*）を指す。本書におけるこの語の用法を確認すると、世俗的文脈では「bonheur」よりも強い喜びを指し、宗教的文脈では「天国での至福（beatitude）」に対する「地上の至福」を指す。本書に関係する中世〜啓蒙主義時代の思想書・宗教書の既訳書を参考に「félicité」を「至福」、「beatitude」を「完全な至福」と訳した。場合によってはルビを振っている。

第1部　脱成長、および幸福の逆説

第1章　「良き生」の変遷——天国での至福から富の所有へ

❖1　Louis Antoine Léon de Saint-Just(1767-1794)は、フランスの政治家。ロベスピエールと共に革命政府で中心的な役割を果たすが、1797年7月27日のテルミドールのクーデタによって逮捕され、翌28日に処刑された。

❖2　ヴァントース法のこと。当時革命政府の指導者だったサン=ジュストは、亡命者や革命の反対者の財産権を没収し、生活困窮者に財産を分配する法令（デクレ）を提案した。また、革命政府の左派と共にこれら革命の離反者の市民権の剥奪を試みた。ロベスピエールはこの試みを支持したが、議会での幅広い合意形成に失敗し、サン=ジュストとロベスピエールは数か月後に失脚した。

❖3　フランス語のbonheurの語源が「bonne heure（楽しい時間）」に由来

するという俗説を正している文章である。

❖ 4　原文は、「ヴォルテールは、ディドロとダランベールが編纂した百科全書（第15巻）に『幸せ（Heureux）』という論文を寄稿した」となっている。だが、その直後に引用されているヴォルテールの文章は、『百科全書』初版第6巻に所収の「至福（Félicité）」という項目の記事のなかで彼が担当した前半部分（後半部分はルイ・ド・ジョクールが分担執筆している）、もしくは自身の『哲学辞典（*Dictionnaire philosophique*）』所収の同名論文の内容と一致する。したがってこの箇所に関しては、訳者の手で訂正を施した（原文の流れを崩さないために、『百科全書』所収のものとして扱った）。なお、『百科全書』にヴォルテールが寄稿した「幸せ（Heureux, Heureuse, Heureusement）」の一部は、本書第１章の原註３に正確に引用されている。

❖ 5　「Le commun」には「共有のもの」と「社会の底辺に暮らす人々」という二重の意味がある。共有の領域（コモンズ）が破壊されると、下層民は生活基盤を失う。「Le commun」という言葉１つから、コモンズが貧しき人々の自立と自存を支える基盤（サブシステンス）であったことがわかる。

❖ 6　1990年代に世界銀行が開発途上国に導入した自由主義的な統治政策のこと。自由民主主義を理念に掲げる一方で、途上国政府を市場原理や企業経営の原理原則に従わせようとする側面もある。批判開発学では経済グローバル化の流れを推進する新自由主義的開発モデルの１つと見なされている。詳細は、David Slater, *Geopolitics and the Post-Colonial: Rethinking North-South Relations*, Oxford: Blackwell, 2004, Chapter 4、および Philippe McMichael and Heloise Weber, *Development and Social Change: A Global Perspective, 7th edition*, London: SAGE, 2022を参照のこと。

❖ 7　フランス語の「économique」は男性名詞の場合は経済現象、女性名詞の場合は経済学のことを指す。著者はその二重の意味で〈経済〉というカテゴリーを批判している。特にフランスの科学認識論（エピステモロジー）のなかで経済学批判を展開してきた著者にとって、歴史的・文化的に構築された経済の観念体系や価値体系を脱構築することが最大の関心である。

❖ 8　François Quesnay（1694-1774）は、フランスの医者、経済学者。富の源泉を土地の産出力（地力）に求め、農業政策を推進する「重農学派（フィジオクラシー）」という経済思想を確立した。主著『経済表』（1758）

で一国経済をシステムとして捉え、経済の均衡についての考察を発展させた。レッセ・フェール（自由放任）概念の提唱者でもある。ケネーは啓蒙主義思想家の一人であり、ディドロの『百科全書』にも寄稿している。本書のこの箇所では、啓蒙主義思想家としてのケネーとその重農学派が、絶対王政時代の神学者ボシュエと比較する形で紹介されている。

❖9　Jacques-Bénigne Bossuet（1627-1704）は、フランスの神学者。ルイ14世の宮廷説教師を務め、主著『世界史序説』（1685）で王権神授説を提唱した。

❖10　Alain de Benoist（1943―）は、フランスの政治思想家。フランスの新右翼（Nouvelle Droite）の創始者の一人。民族ナショナリスト研究機関 GRECE 代表。自著 *Demain ! La décroissance : Penser l'écologie jusq'au bout*（Edition Edite, 2007）では、新右翼の立場から脱成長に接近している。急進的なエコロジー左派であるラトゥーシュとブノアの政治的立場は対立するが、近代批判、特にリベラリズム批判においては、両者の議論は重なるところがある。それゆえに、フランスにおける脱成長の言説を追いかけるときには、論者の政治的立場を吟味する必要がある。

❖11　古代ギリシアの最高善思想。幸福を都市国家（ポリス）における共通善の実現のなかに見出す。アリストテレスの『ニコマコス倫理学』における議論が有名。

❖12　国内総生産（GDP）は、フランス語では PIB（produit intérieurs *brut*）と表記される。著者は PIB とのコノテーションを出すために「brut」という言葉を使用している。

❖13　「bien-avoir」は直訳すると「多くの財産を所有している状態」となる。意味をとって「裕福な生活」と訳した。

❖14　Jan Tinbergen（1903-1994）は、オランダ出身の計量経済学者。1969年にノルウェーの計量経済学者ラグナル・フリッシュ（Ragnar Frisch, 1895-1973）と初のノーベル経済学賞を共同受賞した。厚生経済学における研究で知られ、所得の公平な分配をともなう経済成長が諸個人の幸福度（効用）を高めることを示した。1972年に欧州委員会委員長に就任したシッコ・マンスホルトの経済社会政策にも影響を与えた。

❖15　国民総幸福（GNH）を1970年代初頭に提案したのは第4代ブータン国王ジグミ・シンゲ・ワンチュク（在位期間 1972～2006）である。だ

がここでは、GNHの制度化と国際的普及を進めた第五代国王ジグミ・ケサル・ナムゲル・ワンチュク国王（2006～現在）のことを指している。

❖16　Ordolibéralismeは、両戦間期のドイツ・フライブルグに現われた自由主義経済思想。オルド（ドイツ語：*Ordnung*）は「経済体制」「ゲームのルール」を意味する。競争的な自由市場の自生的発生という考えを否定し、むしろ市場経済が最大限機能するための制度的環境（法的、社会的、技術的、倫理的、文化的）を国家が積極的に整備する必要性を主張する。その一方で、福祉国家を目指すことはしない。フランスではミシェル・フーコー、ピエール・ダルド、クリスチャン・ラヴァルなどがオルド・リベラリズムに関する批判的研究を行なっている。

第２章　富の指標の批判からブエン・ビビールの再発見へ

❖1　Robert Francis Kennedy（1925―68）は、米国の政治家・法律家。第35代米大統領ジョン・F・ケネディの実弟。同政権の司法長官を務めた。1968年6月5日に銃撃を受け、翌6日に死亡。

❖2　原文ではジッドの青年期の作品『地の糧（*Les nourritures terrestres*）』（1897）が言及されていたが、引用文は晩年の作品『新しき糧（*Les nouvelles nourritures*）』（1935）からのものである。したがって訂正を施した。

❖3　André Gide, *Les nouvelles nourritures* (1935), dans *Les nourritures terrestres, suivi de Les nouvelles nourritures*, Paris, Gallimard, 1972, p. 195.

❖4　他者との関係／相互作用のなかで生産・消費される非物質的財のこと。例えば、コミュニティにおける相互扶助、友情などは、幸福度を高めることに寄与する。関係財が幸福度に与えるプラスの影響については、S・バルトリーニ著『幸せのマニフェスト』（中野佳裕訳、作品社、2018年）が詳しい。

❖5　ラテン語の「munus（ムヌス）」は「負債」「借金」「贈与」を意味する。つまり共同体（コミュニティ）の語源であるラテン語の「communitas（コムニタス）」とは贈り物を与え合う関係で成り立つ相互扶助集団のことを指す。相互扶助関係には、他者への「借り」「負い目」が生じる。これに対して免疫（イミュニティ）の語源であるラテン語の「immunitas（イムニタス）」とは、ムヌスに否定接頭辞が付くことから「贈与や負い目を断つこと」を意味する。著者は、近代個人主義の根底には贈

与の否定があると見ている。著者のこのような解釈は、イタリアの哲学者ロベルト・エスポジトの思想と共振する。両者の関連性については、中野佳裕「〈脱成長の倫理学〉への道案内」（セルジュ・ラトゥーシュ著『〈脱成長〉は、世界を変えられるか？』中野佳裕訳、作品社、2013年）を参考にされたい。

❖6　Adam Smith, *Theory of Moral Sentiment*, 1749, 1st edition, Part 4, Chapter 1, reprinted in Dover Philosophical Classics, 2006, p. 182.（訳文は、アダム・スミス『道徳感情論（下）』水田洋訳、岩波文庫、2015年、第四部第一篇、24頁）　フランス語原文にイタリア語 vera felicità（真の幸福）という表現が残っていることから、ラトゥーシュは『道徳感情論』のイタリア語訳に依拠していると考えられる。訳出にあたっては、スミスの原文（英語初版）を参照し、既訳書を用いた。

❖7　国連開発計画（UNDP）付属の「包摂的経済成長のための国際的政策研究所（IPC-IG）」の機関誌 Poverty in Focus（No. 17, May 2009）の特集として取り上げられた概念。開発が先住民の生活に与える影響などを反映した新たな開発モデルを構築しようとする試みである。

❖8　TINA = There Is No Alternative（市場経済以外にオルタナティブは存在しない）。1980年代、マーガレット・サッチャー英首相（当時）がいわゆる新自由主義と呼ばれる市場化政策を進める際に述べた有名な言葉。

第２部　美食、ジャンクフード、脱成長

❖1　「décroissance」は動詞「décroître（減らす）」の名詞形である。字義通りの意味は「減少、削減」となる。日常的なフランス語の使い方としては、洪水で川床から溢れた水が元の水位に戻るのを、décroître の受動態である「décru」で表現したりする。現代社会の過剰消費を洪水に譬えるならば、不必要な消費を社会全体として減らすことは、地球環境や人間生活にとってプラスの効果をもたらす（汚染や温室効果ガス、ストレスや長時間労働の削減など）。「減少」という意味で「décroissance」を捉えたとき、消費の規模を適正な水準に戻すことで社会の均衡（バランス）を回復するという含意がある。

「décroissance」にはもう一つ、修辞的な意味がある。フランス語には「décroître（減らす）」と音声的に隣接する単語に「décroire（信じるのを止める）」という語がある。著者が「décroissance」を論じる際には、

字義通りの意味以上にこの修辞的な意味が重視される。つまり過剰消費のシステムを転換するには、まず「経済成長信仰からの脱却」が必要である。訳者が社会運動スローガンとしての「décroissance」を「脱成長」と訳したのは、この修辞学的な意味を優先させるためである。本書第2部では、特にフード・システムの転換をめぐる議論において「décroire（経済成長信仰からの脱却）」と「décroître（不要な消費を減らす）」の弁証法が際立っている。

第3章　脱成長は食生活をどのように変えるか？

❖1　「pauvreté」の訳語でよく使用される「貧」という漢字は「わずかな貝〔貨幣、財産〕を家族で分けて生活する」に由来する。そのため「貧しさ」という言葉には苦しい生活を耐え忍ぶというニュアンスがどうしても付きまとう。しかしここで著者が再評価を試みる「pauvreté」とは、資本主義以前の文化において享受されていた「物に執着しない生活（精神的に自由で安寧な生）」、「限られた資源や物財をコモンズとして分かち合う生活（自立共生）」のことを指す。そのため漢語辞典を調べて「倹朴」という訳語をあてた。「倹朴」という意味での「pauvreté」は、イヴァン・イリイチの提唱した「コンヴィヴィアリティ」に通じる。

❖2　ここで言う「貧しさ」の意味は、「清貧」に近い。前述の「簡素で尊い生き方」と符合する。

❖3　この箇所の議論は、イランの思想家マジード・ラーネマの主著『惨めさが貧しさを狩るとき（未邦訳）』（Majid Rahnema, *Quand la misère chasse la pauvreté*, Paris, Acte Sud, 2003）に沿って展開している。ラーネマによると、古代から中世に至るまでのさまざまな文化において「〜が欠乏・不足している」という意味での「pauvre」に相当する語は多元的な意味をもっており、必ずしも経済学的な意味（お金の欠乏）に還元されるものではなかった。例えば「pauvre」は共同体生活において「関係が貧しい状態」「他人からケアされない状態」を意味することもあれば、物に執着しない簡素で尊い聖者の生活を指すこともあった。しかし、西洋資本主義黎明期に起こった共有地（コモンズ）の破壊を契機にその意味は大きく変容した。共同体の相互扶助というセーフティネットを失った人間の生存は、賃労働によって得られるお金に依存する以外にない。「pauvre」は「お金の欠乏」と同義となった。17世紀以降のヨーロッパでは、金銭的に欠乏し困窮している人々

を「惨めな人々（misère）」と形容する言説が普及し、失業者や浮浪者は「社会秩序に対する脅威」として規律訓練の対象となった。ラーネマは、20 世紀後半に世界に普及した「開発」言説にも、西洋近代に起こったこの「pauvre」の意味の経済学的還元の影響が強く働いていると指摘する。「pauvre=misère」の表象の下では、非西洋文化に残る倹朴な生活様式は「惨めな低開発状態」と意味づけられ、その内発的な潜在力は見えなくなる。ラーネマの思想については、訳者の単著『カタツムリの知恵と脱成長――貧しさと豊かさについての変奏曲』（コモンズ、2017）で詳細に分析している。

❖ 4　Taxe intérieure de consommation sur les produits pétroliers（TIPP）――フランスにおける石油税のこと。低炭素社会への移行を目指して 2003 年 10 月に採択された欧州連合（EU）の「エネルギーおよび電力課税に関する域内枠組み」指令（directive 2003/96/CE）に準拠する。TIPP は 2011 年に「エネルギー製品に関する内国消費税（Taxe intérieure de consommation sur les produits énergiques）（TICPE）」に名称変更し、バイオ燃料も課税の対象に含まれるようになった。

原註 7 にあるように、著者は 2006 年に刊行された雑誌『コスモポリティーク』（第 13 号）誌上におけるジル・ロティヨン氏の発言に基づいて議論している。そのためここでは、現在の TICPE ではなく、当時の石油税の名称である TIPP が引用されている。

❖ 5　フランスの環境活動家ニコラ・ユロの財団（正式名称：自然と人間のためのニコラ・ユロ財団）が 2006 年に発表した環境憲章に基づく政策提言のこと。同氏は 2007 年の仏大統領選の際、特にニコラ・サルコジ、フランソワ・バイル、セゴレーヌ・ロワイヤルの 3 人の有力候補者に対して、エコロジー協定に基づく 10 の目標と 5 つの提案を行なった。本文で著者が引用している子供向けテレビ広告の禁止はその 1 つ。

❖ 6　Chimie verte（英：Green Chemistry）は、省資源化を推進することで化学製品の生態系に与える影響を減らす研究分野。米国環境省が提案した。ちなみにヨーロッパでは OECD が提案したサステイナブル・ケミストリー（Sustainable Chemistry、以下 SC と略称）が主流である。グリーン・ケミストリーとは異なり、SC ではリサイクルの概念が新たに加わる。近年欧州では、SC の基礎研究を応用する形でサーキュラー・エコノミーの取り組みが発展している。

❖ 7　Médecine environnementale（英：Environmental Medicine）は、人間の健康と環境との相互作用を研究する学際的な医学研究分野。疾病の

原因を環境的要因（物理学的、生物学的、化学的、技術的な作用因）に求め、予防原則にしたがって疾病因子を減少・除去する対策を提案する。

第4章　脱成長とスローフード

❖1　「gastronomie」は古代ギリシア語の「gastronomia」に由来するフランス語であり、文字通り「胃袋の法則（gastro + nomos）」を意味する。したがってこの語の本来の意味は、「食べ物の生産から消費に至るまで、食にまつわるさまざまな法則」となる。スローフードの創始者カルロ・ペトリーニによると、「ガストロノミー」という言葉が「美食」という意味を持つようになったのは、革命後のフランスにおける特殊な状況が関係する。19世紀初頭のフランスではパリを中心にレストランが増え、ブルジョア階級を中心に良質な食事にアクセスできるようになった。だが当時のブルジョア階級は旧体制時代の貴族階級の食文化に憧れをもっており、貴族の贅沢な食生活のブルジョア版が「おいしい食事」のイメージとして流布するようになった。次第に「ガストロノミー」は本来の意味を離れて金持ちの贅沢としての「美食」の意味が前面に出るようになったのである。そして20世紀後半の大衆消費社会の到来によって、美食としてのガストロノミーは大衆化していった。ペトリーニのスローフード運動は、この歴史的趨勢に抵抗して、ガストロノミーの本来の意味の再生を目指している。彼によると、本来のガストロノミーは、貧しい農民階級の創意工夫によって発明された料理法を意味していた。つまりガストロノミーの起源には、貧しき人々の自立共生的な食文化があったのである。また、ブリア゠サヴァランの影響を受けるペトリーニにとって、ガストロノミーは「食にまつわるあらゆる知識」のことでもある（参考文献：Carlo Petrini, *Buono, Pulito e Guisto*, Slow Food Editore, 2016）。したがってこの語の日本語への訳出にあたっては、「ガストロノミー」とカタカナで表記することにした。前後の文脈において明らかに通俗的な意味でのガストロノミー（美味しい食事）を含意する場合のみ「美食」という語をあてた。

❖2　Confédération paysanne は、フランスにおける小農民たちの組合であり、政治的には反グローバリゼーション左派の立場をとる。農業の工業化や企業による生物（種子など）の特許化に反対し、小農民の自立を促進する公共政策を要請している。

❖ 3　Mouvement altermondialiste は、公正で持続可能なグローバル経済を構築するために、国境を超えた企業活動や金融取引を規制する国際的な制度構築に向けた政策提言を行なう左派運動体。英語では「グローバル・ジャスティス運動」と呼ばれる。フランスでは、トービン税導入を推進するアソシエーション ATTAC（1998 年結成）の活動が有名。2001 年にブラジルのポルト・アレグレで開催された第一回世界社会フォーラム（以後、ほぼ毎年開催）を契機に、オルタ・グローバリゼーション運動は世界的な運動へと発展した。

❖ 4　Terra Madre は、2004 年にカルロ・ペトリーニが設立したスローフード運動の姉妹団体。スローフード運動が先進国を中心に広がっていたのに対して、テッラ・マードレは先進国・途上国双方の伝統農業・漁業従事者をネットワーク化し、彼らのノウハウや課題の共有化と国際的連帯の促進を目指している。全世界で 5000 の「食のコミュニティ（Comunità di cibo）」（テッラ・マードレの支部）が存在し、2 年に 1 度のペースで国際会議も開催されている。

❖ 5　Via Campesina は、1993 年に結成された小農民の主権を守る世界的組織。本部はベルギーに置かれているが、もともとは中南米の農民運動を中心に発展した。アジア、アフリカ、ラテンアメリカ諸国に広汎なネットワークを持っている。

❖ 6　Biocoop は、フランスで有機食材の販売を担う協同組合。全国各地に店舗を展開している。

❖ 7　AMAP も GAS も、都市部の消費者がグループを結成し、近郊の有機農家の生産物を公正な価格で直接購入する仕組みを採用している。農家と数か月単位の長期契約を結ぶため、農家の収入を安定させることに貢献している。

❖ 8　スローフード 3 原則と呼ばれる。イタリア語では「Buono, Pulito, Giusto」。「おいしい（Buono）」とは、味覚の文化多様性を尊重し、食べ物を分かち合い、共に食べる楽しみを再評価することを意味する。「きれい（Pulito）」とは、食べ物の生産から消費にいたるすべての過程で環境負荷をかけないことを意味する。「正しい（Giusto）」は生産者（農家、漁師など）がディーセントな生活を送ることができるように、公正な価格で食べ物を販売することを意味する。

❖ 9　Restos du coeur は、フランスのコメディアン、コリューシュ（1944–86）によって創設された慈善団体。困窮者に回収した食料を届けるほか、住居を見つける支援なども行なっている。著者の『脱成長がもたらす

働き方の改革』（中野佳裕訳、白水社、2023）の第3章は、コリューシュの言葉の引用から始まっている。

❖10　Petites Soeurs des pauvresは、1839年にブルターニュ地方に設立された慈善団体。困窮する高齢者の自立支援を行なうカトリック教会の修道女たちの集まり。

第5章　脱成長と肥満

❖1　一般的には「メディアトール事件（l'affaire du Mediator）」として知られている健康訴訟のこと。1976～2009年の間、セルヴィエ研究所から「メディアトール」という商品名で販売されていたベンフルオレックス（糖尿病治療に使用される）を服用した結果、フランスで1500～2100人にわたる死亡者が出た事件。

第6章　余り物に対処する技術——廃棄物問題

❖1　Collapsologieは、気候変動の大加速化による文明崩壊を不可避の宿命として受け入れ、文明崩壊後の世界におけるローカルなサバイバル・シナリオを構想する思潮のこと。2010年代後半になってからフランスで流行している。代表的な研究者は、パブロ・セルヴィーニュ、ラファエル・スティーブンス、イヴ・コシェである。崩壊学派の著作として日本語で読めるものとしては、セルヴィーニュ＆スティーブンス著『崩壊学——人類が直面している驚異の実態』（鳥取絹子訳、草思社、2019年）がある。

❖2　「consommer」は20世紀以降「消費する」という意味が主流となったが､元は「破壊する」「破壊して使用する」という意味だった（Littré辞典参照。またハンナ・アーレント『人間の条件』（1958）も参考になる）。ここでは両方の意味で訳出してみた。

結論に代えて——カタツムリの二つの教訓に戻る

❖1　「arraisonnement」は、ドイツの哲学者マルティン・ハイデガーが近代技術の本質を言い表すために用いたドイツ語Ge-stellのフランス語訳である（参照：Martin Heidegger « La question de la technique » dans *Essas et conférences*, Paris, Gallimard, 1958)。訳出にあたっては、ハイデガー『技術

への問い』(関口浩訳、平凡社、2009年)で用いられている訳語「集-立」を採用した。

❖2 フランスの映画作家・革命思想家ギー・ドゥボール(Guy Debord, 1931–94)が主著『スペクタクルの社会』(*La société du spectacle*, 1967)で導入した概念。「増大した余分な生」とは、消費社会における人間疎外の新たな形態を意味する。生産力の発展と共に労働者階級の生活水準は向上し、寿命も延びた。だが、人間の生は意味を失い、あふれる商品関係のなかでただ生き続けるだけの「余分な・人生(*sur*-vie) = 生き残り(survie)」に過ぎなくなったということ。ドゥボールは次のように書き残している。「経済の成長は、生き残るための差し迫った闘いを必要とした自然の重圧から社会を解放するが、その場合も、社会は自分たちの解放者からは解放されない。〔…〕商品の豊かさ、つまり商業関係の豊かさとは、もはや増大した余分な生〔=生き残り〕でしかありえないのである」(ギー・ドゥボール『スペクタクルの社会』木下誠訳、ちくま学芸文庫、2003年、34–35頁)。

エピローグ――パンデミック以後

❖1 Transhumanistesは、トランスヒューマニズム(transhumanism)の思想に賛同する科学者たちのこと。数学者のレイ・カーツワイルが有名。トランスヒューマニズムは21世紀初頭にかけて米国に台頭した思想であり、ナノ技術・バイオ技術・情報技術・認知科学を収斂させることによって人間の生老病死に関わる問題の解決を目指す思潮である(頭文字をとって「NBIC技術的収斂」と呼ばれる)。例えば、人間の脳のデータをコンピュータにアップロードし、人工知能として永遠の生命を獲得させるプロジェクトなどが有名(「マインド・アップローディング」と呼ばれる)。米国では個人のウェル・ビーイングの観点からNBIC技術的収斂が議論されているが、欧州連合では持続可能な開発の一環であるバイオエコノミー政策でこの思潮の影響が確認されうる。詳細は中野佳裕著「人新世とAIの時代における脱成長」(総合人間学会編『人新世とAIの時代における人間と社会を問う』本の泉社、2022年、40–71頁)を参照されたい。

❖2 この点については、1990年代以降のボードリヤールの著作が参考になる。例えば、『透きとおった悪』(塚原史訳、紀伊國屋書店、1991年)、『完全犯罪』(塚原史訳、紀伊國屋書店、1998年)を読まれたい。

❖ 3　「メタノイア（metanoia）」は「悔悛をともなう心の大転換」を意味する古代ギリシア語。著者にとって脱成長は、行き過ぎた現代文明にメタノイアを促す企てでもある。

❖ 4　1973 年制作。「始まりの年」という意味合いか。登場人物たちが生産力至上主義的な経済活動を一斉蜂起してユートピア社会を創る活動を始めることから、脱成長運動に通底するユートピア映画と評されている。

❖ 5　ジョルジュ・ブロンドー（Georges Blondeaux, 1929–2004）のペンネーム。パリ郊外に生まれ、フランスの国鉄（SNCF）でインダストリアル・デザイナーとして働いていた。1970 年から週刊紙『シャルリ・エブド』のイラストレーターとして風刺画を描いた。